Jürgen Höller

Alles ist möglich

Strategien zum Erfolg

Econ Taschenbuch

Econ Taschenbücher erscheinen im Ullstein Taschenbuchverlag,
einem Unternehmen der
Econ Ullstein List Verlag GmbH & Co. KG, München
3. Auflage 2001

Lektorat: H. Dieter Wirtz, Mönchengladbach
Umschlagkonzept: Büro Meyer & Schmidt, München – Jorge Schmidt
Umschlaggestaltung: DYADEsign, Düsseldorf
Titelabbildung: © Johannes Bräutigam
Satz: Josefine Urban – KompetenzCenter, Düsseldorf
Druck und Bindearbeiten: Ebner Ulm
Printed in Germany
ISBN 3-548-70010-1

Für Kerstin

Inhaltsverzeichnis

Vorwort zur 3. Auflage

Liebe(r) Leser(in),
erst zwei Jahre sind seit Erscheinen der ersten Auflage vergangen, und es erscheint mir selber unglaublich, was sich in dieser Zeit alles ereignet hat. Aufgrund der Bücher wuchs ständig die Nachfrage nach meinen Seminaren, so daß ich wieder »zwischen zwei Stühlen« saß. Nämlich, entweder meine INLINE-Unternehmensberatung aufzubauen oder meine Seminare stärker zu forcieren. Nach langem Nachdenken kam ich zu dem Entschluß, die INLINE-Unternehmensberatungs-Gesellschaften in Lizenz abzugeben (ich bin ihnen natürlich weiterhin verbunden und unterstütze sie mit meinem Know-how und meiner Motivationskraft), um mich noch stärker auf meine Seminartätigkeit zu konzentrieren. Ich setzte mir das große Ziel, bis zum Jahr 2000 die Dortmunder Westfalenhalle für ein Seminar zu füllen. Nun, 1997 begrüßte ich bereits regelmäßig bis zu 1 600 Teilnehmer pro Seminar, 1998 ist die erste Veranstaltung mit 2 500 Teilnehmern bereits ausgebucht, und am 1. Mai 1999 habe ich die Frankfurter Festhalle für 12 000 Teilnehmer gemietet.
Sie sehen also an meiner eigenen Person, daß die von mir propagierten Strategien, Konzepte und Trainingsprogramme auch wirklich den Erfolg verursachen, den Sie sich wünschen. Dabei liegt es mir besonders am Herzen, den ganzheitlichen Aspekt des Erfolgdenkens zu vermitteln. Es nützt Ihnen nämlich nichts, wenn Sie mit 58 Jahren beruflich alles erreicht haben, materiell in absolutem Wohlstand leben – wenn gleichzeitig Gesundheit, Partnerschaft und sonstige Bereiche Ihres Lebens gestört oder sogar defekt sind.
Letztendlich streben alle Menschen nach dem gleichen: nämlich Glück und innerer Zufriedenheit! Die Methoden und Strategien, um dieses Ziel zu erreichen, sind dabei sehr verschieden.

Ich sage nicht, daß mein System das einzige ist, das Erfolg und innere Zufriedenheit ermöglicht. Aber ich weiß, daß es Ihnen dazu verhelfen kann, wenn Sie es umsetzen. Betrachten Sie einfach das Ganze wie ein großes Buffet: Greifen Sie sich das heraus, von dem Sie glauben, das es für Sie das Richtige ist und setzen Sie es um!
Ich habe durch die in diesem Buch beschriebenen Strategien (zusätzlich noch die Strategien in meinen übrigen Büchern) mein Leben grundlegend zum Positiven verändert. Viele tausend Menschen haben es ebenfalls geschafft. Warum also sollten Sie nicht mehr erreichen, als andere Menschen Ihnen zutrauen? Stellen Sie sich doch einmal die Frage: *Soll der Punkt, an dem Sie heute stehen, wirklich schon alles in Ihrem Leben gewesen sein?* Welche Berge warten noch darauf, von Ihnen bestiegen zu werden? Wie viele Sterne stehen am Himmel, um *alleine* von Ihnen geholt zu werden? Starten Sie durch zum ganzheitlichen Erfolg, und hören Sie nicht mehr auf die Zögerer, Zauderer, Jammerer und negativen Denker, die die Zukunft voller Pessimismus sehen und alles schwarz malen. Natürlich gibt es viele Probleme, natürlich ist es nicht einfach, ein erfolgreiches und glückliches Leben zu führen. Aber dennoch gibt es zahlreiche Beispiele von Menschen, die es schaffen. Ich sehe nicht, was grundsätzlich verhindern sollte, daß auch Sie nicht das erreichen sollten, was Ihnen zusteht.

Vorwort

»Jeder Mensch hat das Recht zur freien Entfaltung seiner Persönlichkeit.«
Art. 2, Abs. 1 des Grundgesetzes der Bundesrepublik Deutschland

Nach meinem ersten Buch *Sicher zum Spitzenerfolg*, das im Februar 1994 erschienen ist und in kurzer Zeit die Einstellung und das Bewußtsein vieler tausend Menschen positiv verändert hat, erscheint hiermit mein zweites Buch, in dem noch mehr Strategien zur Entfaltung der eigenen Persönlichkeit enthalten sind.
Ich habe in meinem Leben (fast) alles erreicht, was sich die meisten Menschen wünschen, so beispielsweise materielle Sicherheit und Erfolg im Beruf. Doch dieser Erfolg ist kein Zufall, auch keine Sache eines reichen Elternhauses, sondern Ergebnis harter Arbeit an meiner Entwicklung und an der Entfaltung meiner Persönlichkeit. Wie ich dies erreicht habe (und viele tausend andere Menschen), das erfahren Sie in diesem Buch.
Den Lesern, die mich noch nicht kennen, möchte ich mich ganz kurz vorstellen: Ich gründete im Alter von zwanzig Jahren mein erstes Unternehmen und lernte alle Höhen und Tiefen eines Geschäftslebens kennen. 1989 gründete ich die INLINE-Unternehmensberatung, die bis heute ca. 1 500 Unternehmen betreute. Die beratenen Unternehmen konnten dabei ihren Umsatz und Ertrag um durchschnittlich 30 Prozent steigern – pro Jahr.
Wenn ich Ihnen diese Zahlen nenne, dann nicht, um damit etwa anzugeben, auch nicht, um mich und das INLINE-Team zu ›beweihräuchern‹, sondern um Ihnen den Beweis anzutreten, daß die in meinen Büchern beschriebenen Strategien, Systeme und

Gesetze auch tatsächlich in der Praxis erfolgreich gelebt werden. Es gibt viel zu viele Erfolgs-Gurus, positive Denker, Propheten und sonstige Reformer, die in ihren Büchern und Reden theoretische Strategien beschreiben, sie jedoch selbst in der Praxis nie angewandt haben. Wenn jemand von Erfolg spricht, dann muß er auch selber erfolgreich sein. Deshalb hier bereits im Vorwort diese Angaben, die dazu dienen, Vertrauen in meine Person und die hier beschriebenen Methoden zu ermöglichen.
Achten Sie zukünftig darauf, von wem Sie welche Ratschläge annehmen. Wer einen Formel-l-Wagen fahren will, muß nicht unbedingt die Ratschläge eines Kleinwagenfahrers befolgen.
Dieses Buch erhebt den Anspruch, zum Erfolg zu verhelfen. Es liegt nun an Ihnen, ob Sie es weiterlesen oder wieder weglegen. Sie haben täglich die freie Wahl, ob Sie lieber einen Apfel oder eine Birne essen möchten. Genauso haben Sie die freie Wahl, erfolgreich oder erfolglos zu sein. Ich kann Ihnen in diesem Buch Möglichkeiten zu mehr Erfolg, Zufriedenheit und Glück beschreiben – den Weg gehen müssen Sie selbst!
»Alles Denkbare ist auch machbar!« sagte Albert Einstein. Wer also – außer Sie selbst – könnte Sie davon abhalten, noch erfolgreicher zu sein? Vielleicht entgegnen Sie jetzt, Sie würden ja gerne lesen, aber Sie haben momentan zuwenig Zeit. Dies erinnert mich an die Geschichte mit dem Arbeiter, der im Wald Holz sägte. Ein Spaziergänger kam vorbei und beobachtete eine Zeitlang den Arbeiter bei seiner Tätigkeit. Schließlich fragte er ihn:
»Entschuldigen Sie, mein Herr, warum wechseln Sie denn nicht das Sägeblatt aus, es ist ja ganz stumpf!« Darauf antwortete der Arbeiter, ohne aufzusehen: »Mein Herr, Sie sehen doch, ich habe hier noch etliche Bäume zu zersägen, da habe ich für so etwas leider keine Zeit!« Ja, wir haben nur eine begrenzte Menge Zeit. Jeder Tag hat nur 24 Stunden, und insgesamt hat der durchschnittliche Mensch ca. 650 000 Stunden zu leben. Deshalb kommt es bei unserem Tun auf jede Stunde, ja jede Minute an. Doch ist es nicht oft so, daß wir uns tagein, tagaus immer schneller drehen, weil wir nicht die Zeit finden, einmal über den Sinn unserer Tätigkeit nachzudenken? Fleiß ist keine Garantie für Erfolg. Ich kenne viele Menschen, die jeden Tag von früh bis spät

vierzehn Stunden arbeiten, über kein freies Wochenende verfügen – um dann letztlich mit sechzig Jahren in Konkurs zu gehen! Der Fleiß allein kann also nicht die Ursache für Erfolg sein.
Sind Sie bereit, täglich ein Prozent Ihrer Zeit in Ihren zukünftigen Erfolg zu investieren? Dann lesen Sie täglich eine Viertelstunde in diesem Buch. Sie investieren täglich viel mehr in die Pflege Ihres Körpers, in die Pflege Ihres Autos oder in die Pflege Ihrer Wohnung. Warum sind nur so wenig Menschen bereit, einen Bruchteil ihrer Zeit in die Weiterentwicklung ihrer Persönlichkeit und damit in ihren zukünftigen Erfolg zu investieren?
Dieses Buch ist kein Lesebuch, ist keine Gute-Nacht-Lektüre, sondern ein Arbeitsbuch. Deshalb sollten Sie nicht überrascht sein, wenn sich einige Kapitel oder Unterkapitel in der Länge von den übrigen Kapiteln unterscheiden.
Bitte arbeiten Sie immer mit Stift und Papier. Streichen Sie alle wichtigen Passagen und Gedanken dieses Buches an, und notieren Sie sich Ihre Bemerkungen dazu am Buchrand. Sollten Ihnen eigene Gedanken kommen, so nutzen Sie dazu Ihr bereitliegendes Papier.
Normalerweise bedankt sich ein Autor meist im Schlußkapitel bei den Personen, die für seine Entwicklung enorm wichtig waren und sind. Ich möchte anders verfahren und mich bereits im Vorwort bei einigen Menschen bedanken, die mich maßgeblich beeinflußt haben und denen ich deshalb viel zu verdanken habe. Da wäre zum einen der Psychologe Nikolaus B. Enkelmann. Ich traf ihn vor einigen Jahren und erkannte, daß es in Unternehmen weniger auf die Managementstrategien und -techniken ankommt (zwar auch, doch sind diese nur das Mittel zum Zweck und nicht die Ursache für Unternehmenserfolg), sondern auf jeden einzelnen Mitarbeiter und deren Persönlichkeit. Dies drückt sich auch in einer Untersuchung des Dale-Carnegie-Institutes aus. Dabei wurde festgestellt: Für den beruflichen Erfolg ist zu 85 Prozent die eigene Persönlichkeit und nur zu 15 Prozent das Fachwissen ausschlaggebend – auch in technischen Berufen! Einen weiteren Dank auch an Dr. Robert Schuller, durch den ich immer wieder zu konstruktivem Möglichkeitsdenken angeregt werde, und an Gerd Ammelburg, der – achtzigjährig! – mit seinem Denken und

seiner Erfahrung viel zur Entwicklung der INLINE-Unternehmensberatung beigetragen hat. Außerdem ein Dankeschön an zwei Menschen, die mich dazu inspirierten, zu meinen großen Zielen »durchzustarten«: Anthony Robbins und P.A. Müller. Herzlichen Dank außerdem an meine Ehefrau Kerstin, durch deren Unterstützung all mein Erfolg möglich wurde, an meinen Freund und Partner Paul Underberg, meine privaten Freunde, hier vor allem an Susanne, Stefan und Heike, die mich inspirieren, motivieren, aber auch liebevoll immer wieder auf den »Boden der Realität« zurückholen, sowie meinen Mitarbeitern, dem besten Team der Welt, die mich in den letzten Jahren so toll unterstützt haben.
Und nun wünsche ich Ihnen von ganzem Herzen, daß Sie die Kraft und Disziplin aufwenden werden, die nachfolgend beschriebenen Persönlichkeits-Strategien umzusetzen, um dadurch auch den Erfolg – privat und beruflich – zu erhalten, der bereits in Ihnen steckt.

1. Kapitel

Ursache und Wirkung

»Materie ist geronnener Geist.«
Albert Einstein

In meinem ersten Buch *Sicher zum Spitzenerfolg* habe ich bereits auf das ›Geist/Materie-Gesetz‹ hingewiesen.*
Bevor ich das Ursache/Wirkung-Gesetz aufgreife, möchte ich nochmals auf das Geist/Materie-Gesetz eingehen. Dieses Gesetz bedeutet nichts anderes, als *daß alle Materie*, die existiert, *immer dem Geist folgt*. Um dieses begreifen zu können, wollen wir zunächst einmal untersuchen, was Materie überhaupt ist. Nun, alle Materie, die existiert, besteht aus Atomen (ich weiß, dies ist keine neue, umwerfende Erkenntnis für Sie, aber ... warten Sie ab!).
Ein Atom hat eine Größe von 10^{-7} Millimeter = 0,0000001 Millimeter. Ein Atom ist ein bewegliches, flexibles Gebilde und besteht aus einem Kern (Protonen, Neutronen) sowie Elektronen, die um diesen Kern kreisen. Dies können Sie aber gleich wieder vergessen.
Nehmen wir als Beispiel ein Wasserstoffatom. Vergrößern wir den inneren Kern auf 10 Millimeter. Bei dieser Größe haben die Elektronen, die den Kern umkreisen, die Größe eines Sandkorns. Der Abstand von den kreisenden Elektronen zum umkreisten Kern würde dabei 100 Meter betragen! Die Elektronen umkreisen den Kern dabei mit Lichtgesehwindigkeit (bis heute weiß noch kein Mensch, wer den Elektronen den Befehl gibt, um den Atomkern zu kreisen).

* Es wird ab und zu Querverweise und Hinweise auf dieses erste Buch geben. Zwar ist dieses Buch in sich abgeschlossen und in sich selbst schlüssig, doch wäre es empfehlenswert, es vorweg gelesen zu haben.

Nun ja, werden Sie sagen, alles ganz schön, habe ich auch schon mal in der Physik gehört, doch was soll das, was kann es bedeuten? Ganz einfach: Wenn der Abstand zwischen den sandkorngroßen Elektronen zum 1 Zentimeter großen Kern 100 Meter beträgt (um Ihnen das zu veranschaulichen: auf einem Fußballplatz liegt an einem Tor der Kern eines Atoms, und 100 Meter entfernt, im anderen Tor, befindet sich das sandkorngroße Elektron und umkreist den Kern in diesem Abstand mit Lichtgeschwindigkeit!); wenn also zwischen Kern und Elektronen nichts ist und alle Materie aus Atomen besteht, dann besteht Materie fast aus

Nichts!

Eine Konsequenz daraus: Materie, gleich wie fest und stabil sie auch aussehen mag, ist in Wirklichkeit beweglich und jederzeit im Fluß. Alle Materie ist ständig in Bewegung, fließend und – vergänglich!
Das einzige, was ist und bleiben wird, ist Geist. Keine Angst, ich werde jetzt nicht in den Bereich der Esoterik abschweifen, aber bevor alle weiteren Strategien und Gesetze für Erfolg in diesem Buch vorgestellt werden, müssen Sie um diese Grundlage wissen und sie verstanden haben. Alles, was heute existiert, existiert nur aufgrund des Geistes, der dahintersteckt. Jedes Haus war erst einmal nur eine Idee gewesen. Jeder Stift war erst einmal nur die Idee eines Erfinders. Vor der Glühlampe stand erst einmal die Idee des Thomas Alva Edison von einer Glühlampe. Und ein Anzug mußte erst einmal als Idee im Kopf eines Schneiders existieren, ehe er Wirklichkeit wurde und heute aus dem Business-Bereich nicht mehr wegzudenken ist.
Im Kapitel ›Materie folgt dem Geist‹ meines ersten Buches habe ich geschrieben, daß sich aus dem Geist heraus Energie entwikkelt. Wenn sich nun in Ihrem Geist ein positiver Gedanke, eine positive Idee befindet, dann werden Sie auch – als zwingende und logische Konsequenz – eine Menge von dieser positiven Energie besitzen. Aus dieser positiven, im Übermaß vorherrschenden Energie haben Sie dann auf der dritten Stufe viel ›Bewegung‹.

Sie tun viel, Sie setzen viel um, Sie entscheiden viel – und all diese ›Bewegungen‹ führen letztendlich zur vierten und letzten Stufe, nämlich dem Endergebnis.
Dieses Endergebnis ist jedoch immer nur die logische Fortsetzung, die logische Konsequenz aus Ihrem Denken heraus. Welche Gedanken befinden sich in Ihrem Geist? Denn genauso wie dieses Gesetz im Positiven funktioniert, genauso verhält es sich auch im negativen Fall. Haben sich in Ihrem Geist erst einmal negative Gedanken festgesetzt, Sorgen, Probleme, Ängste, so haben Sie wenig und negative Energie. Aufgrund geringer Energie werden Sie dann nur geringe ›Bewegungen‹ vollführen – und damit steht das Endergebnis fest: Es ist negativ!
Jeder Gedanke trägt in sich bereits seine Materialisierung. Die Frage ist also nicht, ›ob‹ Sie denken (denn das tun Sie pausenlos), sondern ›was‹ Sie denken. Schon vor zweieinhalbtausend Jahren sagte Buddha: *»Alles, was wir sind, ist ein Resultat dessen, was wir gedacht haben. Unsere Existenz gründet sich auf unseren Gedanken!«*
Und was sind Sie heute? Sind Sie erfolgreich oder eher erfolglos? Wie immer Sie auch Erfolg definieren: Haben Sie mit ›erfolgreich‹ geantwortet? Bravo! Denn ein Mensch, der von sich selbst glaubt, er sei erfolgreich, legt damit den besten Grundstein für seinen zukünftigen Erfolg. Ein Mensch dagegen, der glaubt, er sei bisher erfolglos gewesen, wird damit wieder automatisch den nächsten Mißerfolg auslösen.

Die einzigen wirklichen Feinde eines Menschen sind seine eigenen negativen Gedanken!

Bei meinen Persönlichkeitsseminaren, an denen mittlerweile nicht nur Manager, sondern auch Privatpersonen teilnehmen, führe ich mit den Seminarteilnehmern immer folgenden Versuch durch: Ein Freiwilliger steht aufrecht und hält einen Arm seitlich in der waagerechten Position ausgestreckt. Nun fordere ich ihn auf, wenn ich mit meiner Hand seinen ausgestreckten Arm nach unten zu drücken versuche, so stark, wie er es vermag, dagegenzuhalten. Ich führe diesen Versuch zweimal durch. Einmal gebe ich ihm als Aufgabe, während der Übung an etwas Positives zu denken. Beim zweiten Mal (natürlich nach einer kurzen Pause) gebe ich ihm zur Aufgabe, an etwas Negatives zu denken, an etwas, das ihm angst macht. Ich habe diesen Versuch bereits viele Male durchgeführt, und das Ergebnis war immer gleich: Denkt der Proband an etwas Negatives während der Übung, so hat er eine um 50 bis 90 Prozent verminderte Kraftleistung. Manchmal, wenn ein Freiwilliger ein besonders negatives Bild vor seinem geistigen Auge hat, genügt es oft, den Arm nur anzutippen, damit er dann kraftlos nach unten fällt. (Vielleicht kennen Sie ja diesen Versuch; er stammt aus der Kinesiologie.)

Benötigen Sie noch mehr Beweise für das Geist/Materie-Lebensgesetz? Sie denken einen positiven Gedanken – und Sie besitzen viel Energie. Sie denken einen negativen Gedanken, denken an etwas, das Ihnen angst macht – und Sie haben eine verminderte Energie (bei manchen Versuchspersonen nur noch 10 Prozent ihrer normalen Kraftleistung).

Wie oft denken Sie täglich etwas Aufbauendes, etwas Positives, etwas Energiebringendes, und wie oft denken Sie etwas Negatives, etwas Abbauendes, etwas Zerstörendes, etwas Herabsetzendes?

»Das Leben eines Menschen ist das, was seine Gedanken daraus machen!« sagte Mare Aurel vor ca. zweitausend Jahren. Wenn aber dieses kosmische Gesetz schon Jahrtausende existiert, wenn es viele tausend Menschen nutzten, um ihr eigenes Leben und das Leben vieler anderer erfolgreicher zu gestalten – warum leugnen so viele Menschen hartnäckig dieses Gesetz und wenden es nicht an?

Wenn aber alle Materie das Ergebnis unseres Denkens ist, dann kann man auch an der Materie des Menschen, dem Endergebnis, sein Denken, seine Einstellung ersehen. Wobei natürlich das materielle Ergebnis nicht entscheidend dafür ist, ob ein Mensch glücklich oder unglücklich ist. Doch dazu an späterer Stelle mehr...

Auch in der Bibel heißt es: *»An ihren Früchten sollt ihr sie erkennen!«* Welche Früchte haben Sie bisher geerntet? Sind Sie erfolgreich (was Sie darunter verstehen, bestimmen Sie selbst und nicht die anderen Menschen!), oder fühlen Sie sich erfolglos?

Ich habe viele Manager kennengelernt, die zwar materiellen Erfolg geerntet haben, doch letztlich als Mensch gescheitert sind. Und ich habe Menschen kennengelernt, die ebenfalls materiellen Erfolg ernteten – und die sich dennoch erfolglos fühlten. Aber ich habe noch nie einen Menschen kennengelernt, der als Mensch gescheitert ist und dennoch eine positive ›Denke‹ besessen hat.

Ändern Sie Ihre Gedanken, und Sie verändern die Welt,

so hat es einmal der amerikanische Seelsorger und Erfolgsschriftsteller Norman Vincent Peale gesagt. Er meint damit nichts anderes als: Ändern Sie bei einem bisher erfolglosen Leben lediglich Ihre Gedanken (in diesem Fall um 180 Grad!) – und schon heute verändern Sie Ihre Zukunft von morgen. Die Vergangenheit ist nicht veränderbar, sie ist vorbei, ist Geschichte. Es nutzt niemandem etwas, sich in der Vergangenheit zu verlieren und darüber nachzudenken, was gewesen wäre, wenn ... Das einzige, was Sie verändern können, ist Ihre Zukunft, und Ihre Zukunft können Sie verändern, wenn Sie heute, also sofort, anders denken.

Können Sie sich noch daran erinnern, als Sie Ihr Unternehmen gegründet oder übernommen haben oder als Sie Ihre neue Position im Unternehmen erhielten oder als Sie Ihr Haus oder Ihre Wohnung eingerichtet haben? Lehnen Sie sich einmal bewußt zurück, und denken Sie an diese Zeit. War es nicht so gewesen, daß Sie damals eine große Menge an positiver Energie hatten? War es nicht so, daß Sie bis spät in der Nacht Pläne geschmiedet haben, wie Ihr Unternehmen aufgebaut sein sollte, welche Produkte Sie in welcher Qualität anbieten, welche Kunden Sie ansprechen wollten, wie Sie sie ansprechen wollten, wie Ihr Ladengeschäft ausschauen sollte? Oder als Sie Ihre neue Position eingenommen hatten: Hatten Sie da nicht wochenlang keinen einzigen freien Tag, weil Sie jede Minute dazu benutzt haben, neue Pläne, neue Strategien zu entwickeln, wie Sie in Ihrer Position möglichst schnell einen großen Erfolg erzielen können? Oder wie war das mit Ihrem Haus, mit Ihrer Wohnung: Haben Sie nicht nächtelang und an den Wochenenden mit Ihrem Partner zusammen darüber nachgedacht, wo welches Zimmer sein sollte, welche Farbe der Teppichboden haben sollte, welche Möbel gekauft werden sollten? Haben Sie nicht zahlreiche Möbelhäuser besucht, Handwerker beauftragt, immer wieder die Fortschritte in der Wohnung begutachtet, bis letztlich die Wohnung fix und fertig eingerichtet war? Heute steht Ihr Haus, Ihre Wohnung, ist Ihre Position oder Ihr Unternehmen gefestigt. Doch früher einmal war alles nur eine Idee gewesen. Damals hatten Sie eine solche Idee in Ihrem Unterbewußtsein eingebrannt, so daß Sie nichts davon abhalten konnte, diese in die Tat umzusetzen. Keine Warnung, kein ›wohlgemeinter Ratschlag‹ konnte Sie hindern, Ihren Gedanken in Materie umzuwandeln. Die Materie ist Ihrem Geist gefolgt. In dieser Zeit waren Sie nicht müde, Sie waren nicht krank, nicht überlastet. Nur wenige Stunden Schlaf waren ausreichend, um Ihre Energievorräte wieder zu füllen. Morgens konnten Sie nicht bald genug aufstehen und abends vor lauter Energieüberschuß nicht einschlafen, so stark waren die Kräfte in dieser Zeit.

Sie haben also Ihren Erfolg, Ihr Ergebnis verursacht. *Alles, was geschieht, hat immer eine Ursache.* Niemand bekommt durch Zufall einen Herzinfarkt. Jeder hat ihn selbst verursacht – durch sein Verhalten (falsche Ernährung, zuwenig Bewegung, Rauchen, Alkohol), aber auch durch sein Denken. Niemand bekommt durch Zufall ein Magengeschwür. Er hat es verursacht. Heute weiß die Medizin, daß 80 Prozent aller Krankheiten psychosomatische Ursachen haben. Sie haben Streit mit Ihren Nachbarn? Dieser wurde verursacht – von Ihnen! Vielleicht werden Sie nun empört entgegenhalten, daß doch Ihr Nachbar Sie angezeigt hat wegen Ihres Obstbaumes, der stark auf sein Grundstück wächst. Doch wer hält Sie davon ab, mit ihm Frieden zu schließen? Und wenn dies nicht möglich ist: Wer hält Sie davon

ab, sich einfach nicht mehr zu ärgern? *Niemand kann Sie ärgern, wenn Sie ihm nicht dabei helfen.*
Doch mit den positiven Gedanken alleine ist es natürlich nicht getan. Das wäre zu einfach. Denn – entscheidend ist immer, ob den Gedanken auch Taten folgen, also ob Sie zum Handeln kommen. Doch die positiven Gedanken, die Ideen sind die Grundvoraussetzungen, um überhaupt erfolgreich und glücklich zu sein. Denn ohne die positiven Ideen und die positiven Ziele, die hinter dem Handeln stehen, verhalten wir uns wie ein Hamster im Laufrad: Wir laufen und laufen, bemerken schließlich, daß das Ergebnis nicht zufriedenstellend ist und – laufen noch schneller . . .

Leitthesen zu Kapitel 1:

1. Materie folgt dem Geist!
2. Alles, was existiert, war zuerst einmal nur eine Idee!
3. Die einzigen wirklichen Feinde eines Menschen sind seine eigenen negativen Gedanken!
4. Positive Gedanken steigern Ihre Energie, negative Gedanken zerstören Ihre Energie!
5. Alles, was wir sind, ist ein Resultat dessen, was wir gedacht haben!
6. Das einzige, was Sie verändern können und bewußt beeinflussen können, ist Ihre Zukunft!

Notizen: ______________________________

2. Kapitel

Erfolg er-folgt

Die Schöpfung möchte, daß Sie erfolgreich sind!

Der Erfolg ist die Ernte Ihrer Gedanken. Deshalb gibt es eigentlich auch keinen Mißerfolg. Denn alles, was passiert, wurde ja von Ihnen verursacht. Wenn Sie aber etwas verursachen – ganz gleich, ob bewußt oder unbewußt -, dann ist es eigentlich kein Mißerfolg, sondern ein Erfolg. Erfolg ist also nichts anderes als die Wirkung ihrer Ursache. *Jeder Mißerfolg ist also verdient!*

Ist das nicht bereits eine hervorragende Erkenntnis aus diesem Buch? Ab sofort können Sie das Wort Mißerfolg aus Ihrem Leben streichen, denn es gibt ihn nicht. Für viele Menschen hat das Wort Erfolg jedoch etwas sehr Negatives an sich – gerade in Deutschland. Menschen mit beruflichem Erfolg werden oft angegriffen, werden beneidet, haben das Gefühl, ihren Erfolg verstekken zu müssen. Erfolgreichen Menschen wird oft nachgesagt, sie gingen über Leichen, erkämpften sich mit den ›Ellenbogen‹ ihren Erfolg oder zögen andere ›über den Tisch‹.

Doch was ist Erfolg eigentlich?

Erfolg = Leben
Leben = Wachstum
Wachstum = Entwicklung

Das Leben ist ein ständiger Wachstumsprozeß. Ein Baum etwa wächst jedes Jahr um 10 Zentimeter. Wissen Sie, was mit einer Pflanze passiert, dic aufhört zu wachsen? Sie stirbt... Seitdem die Erde entstanden ist, befindet sie sich in permanentem Wachs-

tum, in ständiger Veränderung. Das Universum wächst immer mehr und breitet sich aus. Unser Sonnensystem gehört zu einer Milchstraße mit ca. 100 Milliarden Gestirnen. In unserem Kosmos gibt es jedoch ca. 100 Milliarden solcher Milchstraßen. Und wer weiß schon, wie viele Kosmen es wirklich gibt... *Beginnend mit dem ›Urknall‹, hat das Universum bis zum heutigen Tag nicht aufgehört zu wachsen.* Jeden Tag breitet es sich weiter aus.
Wenn nun dieses unglaubliche Universum ständig wächst, sich verändert, ist die Frage erlaubt: Wie kommen wir Menschen eigentlich auf die Idee, wir könnten stehenbleiben? Der Mensch entwickelt sich immer stärker und immer schneller. Im 17. und 18. Jahrhundert etwa verdoppelte sich das Wissen der Menschheit alle fünfzig bis achtzig Jahre. Heute verdoppelt sich das Wissen ca. alle drei Jahre! Die Dinosaurier sind nicht deshalb ausgestorben, weil sie zu schwach gewesen sind. Sie sind ausgestorben, weil sie sich nicht mehr verändert haben, also nicht mehr gewachsen sind. Das Wachstum ist ein Naturgesetz. Der ›Club of Rome‹ beispielsweise hat in den siebziger Jahren seine These vom ›Ende des Wachstums‹ veröffentlicht. In den achtziger Jahren erfolgte dann eine fast neun Jahre dauernde Phase des Wirtschaftsaufschwungs in Deutschland.
Natürlich läßt sich darüber diskutieren, wie das Wachstum in der Zukunft aussehen sollte. Es ist wichtig, sich Gedanken zu machen, *in welche Richtung wir wachsen wollen.* Doch ob Wachstum und Veränderung Naturgesetze sind, darüber läßt sich nicht diskutieren. Nun könnte man der Meinung sein, das Wachstum, vor allem im wirtschaftlichen Bereich, würde die Erde ruinieren. Bisher hat jedenfalls das wirtschaftliche Wachstum der Umwelt mehr oder weniger schwer geschadet. Doch auf der anderen Seite hat es nie zuvor so viele Menschen gegeben, die sich weltweit so mit der Entwicklung des menschlichen Geistes und der Bewußtseinserweiterung beschäftigt haben, wie dies heute der Fall ist. Deshalb bin ich – auch wenn die ökologischen Probleme immens geworden sind – optimistisch, daß die Menschheit auch die diesbezüglichen Probleme lösen wird. (Im Juni 1995 hat die Umweltorganisation Greenpeace die Versenkung der Shell Ölplattform »Brent Spar« im Atlantik verhindert.)

Es kommt nur darauf an, wie viele Menschen sich wie stark mit dieser ›Denke‹ beschäftigen. Sind es nur wenige, so wird sich natürlich auch im Materiebereich nichts verändern. Doch je mehr Menschen sich damit beschäftigen, desto stärker wird die ökologische Bewegung an Fahrt gewinnen und schließlich eine Veränderung herbeiführen, denn auch hier gilt natürlich das Gesetz: *›Materie folgt dem Geist‹.*

Und nun führen Sie bitte folgende Aufgabe durch: Nachfolgend finden Sie Ihre Erfolgsbilanz. Diese ist unterteilt in ›Bereich‹, ›Mensch‹, ›Plus‹ und ›Minus‹. Schreiben Sie einfach unter der Spalte ›Bereich‹ die Bereiche auf, in der Sie tätig sind, in der Sie sich befinden, die Sie berühren, also etwa Ihre Arbeitsstelle, Ihr Unternehmen, Ihr Verein, Ihre Partei. Unter ›Menschen‹ tragen Sie einfach die Menschen oder Gruppen ein, mit denen Sie zu tun haben, also etwa Ihren Partner, Ihre Kinder, Ihre Arbeitskollegen, Ihren Chef, Ihre Freunde. Bitte tragen Sie in der Rubrik ›Mensch‹ möglichst viele Einzelpersonen mit Namen ein. Also nicht pauschal ›Familie‹, sondern einzeln den Namen Ihrer Frau und Ihrer einzelnen Kinder. Sie können in einer Zeile entweder unter ›Bereich‹ oder unter ›Mensch‹ etwas eintragen. Gehen Sie bitte erst alle Bereiche durch, danach alle Menschen. Bei jeder einzelnen Zeile überlegen Sie bitte ganz genau, ob dieser Bereich oder dieser Mensch Ihnen bisher mehr positive oder mehr negative ›Ergebnisse‹ gebracht hat. Ist Ihre Firma insgesamt (bitte nicht unbedingt die augenblickliche, aktuelle Situation, sondern die Gesamtdauer und die Gesamtsituation betrachten) eher positiv oder negativ? Erhalten Sie von Ihrem Lebenspartner genügend Lob, Dank und Anerkennung? Wie steht es mit den Arbeitskollegen? Kreuzen Sie jeweils die für diesen Bereich oder Menschen zutreffende Spalte an.

Bitte nehmen Sie sich einige Minuten Zeit für diese Übung, denn sie ist sehr wichtig für Ihren Selbsterkenntnisprozeß – schließlich ist diese Selbsterkenntnis der erste wichtige Schritt, um dann, darauf aufbauend, die Zukunft positiv gestalten zu können.

Erfolgsbilanz			
Bereich	Mensch	+	–
Summe			

Nun addieren Sie bitte alle Plus- und alle Minuszeichen. Welche sind in der Überzahl? Überwiegen die Pluszeichen, dann haben Sie ein sehr positives und erfolgreiches Leben bisher gelebt. Überwiegen die Minuszeichen – macht nichts, denn heute ist der Tag, an dem Sie beginnen können, dies zu ändern. Sehen Sie sich nun jede einzelne Position noch einmal an, die von Ihnen ein Minuszeichen erhalten hat. Möchten Sie wissen, wer für dieses Minuszeichen verantwortlich ist? Genau – Sie alleine! Sie sind der Verursacher jedes Erfolgs. Haben Sie also beispielsweise bei Ihrem Partner bzw. Ihrer Partnerin ein Minuszeichen gesetzt, so fragen Sie sich nicht, was hat mein/meine Partner/in falsch gemacht, an welchen Dingen ist er/sie schuld, sondern fragen Sie sich, was haben Sie ›ver-ursacht‹? Haben Sie sich um Ihren Partner gekümmert? Wieviel haben Sie in die Partnerschaft investiert, wieviel haben Sie gegeben? Wann haben Sie Ihrem Partner bzw. Ihrer Partnerin das letzte Mal gesagt, daß Sie ihn/sie lieben? Wann haben Sie ihm/ihr das letzte Mal etwas geschenkt? Wann haben Sie ihm/ihr das letzte Mal einen Liebesbrief geschrieben? Wann haben Sie das letzte Mal ihm/ihr Ihre Anerkennung gezeigt? Wann haben Sie sich das letzte Mal bedankt? Viele Menschen planen täglich, wie sie ihren Kunden Nutzen geben können, doch der eigene Partner bzw. die eigene Partnerin wird einfach ›vergessen‹, ist Routine. Planen Sie doch einfach einen Abend pro Woche fest ein, den Sie mit Ihrem Partner bzw. Ihrer Partnerin verbringen. Aber bitte nicht zu Hause, sondern gehen Sie essen, tanzen, mal wieder ins Kino usw. Erleben Sie einfach ungewöhnliche Dinge zusammen – und vor allem: Unterhalten Sie sich angeregt! Entdecken Sie Ihren Partner wieder neu.

Oder haben Sie ein Minuszeichen bei Ihrer Firma stehen? Ich weiß, dann gibt es sicherlich tausend Gründe, die gegen Ihr Unternehmen sprechen. Der Chef ist ein ›Diktator‹, Ihre Kollegen sind neidisch auf Ihren Erfolg, Ihre Untergebenen sägen an Ihrem Stuhl usw. Und doch ist es so, daß Sie sich Ihre Wirklichkeit selber erschaffen haben. Was haben Sie für Ihr Unternehmen getan? Was investieren Sie in Ihren Chef/Mitarbeiter/Kollegen/Kunden? Ein weiterer Grundsatz unserer Erfolgsstrategie

lautet: *»Mach dich unersetzlich!«* Haben Sie sich in Ihrem Unternehmen wirklich unersetzlich gemacht?
Sie können die oben aufgeführte Übung auch einmal unter der Prämisse ›Lob – Bilanz‹ durchführen. Von welchen Menschen erhalten Sie ausreichend Lob, von welchen eigentlich zuwenig für das, was Sie leisten? Auch hier gilt wieder: Der Verursacher jeden Erfolgs sind Sie. Das heißt: Die Menschen, bei denen ein ›–‹, angekreuzt ist, erhalten von Ihnen zuwenig Lob und Anerkennung. Machen Sie auch diese Übung bitte einmal in aller Ruhe, und Sie werden sehen (wenn Sie ehrlich sind): Auch hier stimmt dieses Gesetz wieder.

Alles Negative und Positive, das wir weggeben, kommt wie ein Bumerang wieder zurück!

Vielleicht zerplatzt bei dem einen oder anderen Leser an dieser Stelle nun endgültig eine Seifenblase – nämlich die Seifenblase, immer irgend etwas oder irgendwen verantwortlich für den eigenen Mißerfolg, das eigene Versagen machen zu können. Es ist ja so schön, den Zufall, das Glück oder das Pech, das Schicksal, andere Menschen, die Firma, die Rezession, die Kunden oder die Mitarbeiter als Ausrede bei Mißerfolg zur Hand zu haben. Wie schwer ist es dagegen zu verkraften, wenn Ihnen bewußt wird, daß aller Erfolg immer von Ihnen selbst verursacht wird? Aber auch wenn diese Erkenntnis dem einen oder anderen etwas weh tun mag, es ist doch auch eine wundervolle, positive Zukunftsaussicht. Alles, was sich morgen ereignen wird, wird von uns heute verursacht! Jeder schafft sich also durch sein Denken, Tun und Handeln seine eigene Wirklichkeit.

Versuche nicht, deine Vergangenheit zu ändern, sondern beginne heute damit, deine Zukunft zu gestalten!

Nun werden einige Leser einwenden, so einfach sei das doch wohl nicht gerade; schließlich gebe es ja auch Menschen, die positiv denken und trotzdem einen Mißerfolg landen. Das ist richtig, denn den dauernden, permanenten, ununterbrochenen Erfolg, den gibt es nicht – für kein Unternehmen und für keinen Menschen. Das Leben ist ein stetig wechselnder Fluß mit ständigem Auf und Ab – entscheidend ist jedoch, daß die negativen Ausschläge vermindert werden und unsere Entwicklung insgesamt nach oben geht.

Wenn in meinen Seminaren dieser Punkt angesprochen wird, so bitte ich die Seminarteilnehmer, mir doch mitzuteilen, was sie unter einem Mißerfolg verstehen. Ein Seminarteilnehmer meinte einmal: »Nun, ein Mißerfolg ist zum Beispiel gegeben, wenn ein Mensch von seinem Unternehmen entlassen wird und arbeitslos ist.« Vordergründig betrachtet, stimme ich ihm zu. Doch genauer hinterfragt, stellen wir fest, daß genau in diesem Mißerfolg eine Chance für den Betreffenden liegt. Er hat nun Zeit, sich Gedanken darüber zu machen, was er eigentlich in seinem Leben erreichen will. Er kann sich also in aller Ruhe über seine Ziele klarwerden. Er hat Zeit zum Lesen, Seminare und Fortbildungsveranstaltungen zu besuchen, sich zu informieren und damit sein Know-how und seinen Wissensstand auszubauen, kann sich erholen, etwas für seine körperliche Verfassung tun usw. Und vielleicht ist gerade dieser Mißerfolg die Ursache dafür, warum ein solcher Mensch eine neue, bessere Position erhält. In den USA etwa finden 80 Prozent der Menschen, die entlassen worden sind, schon nach relativ kurzer Zeit einen Arbeitsplatz, der besser und hochdotierter ist als ihr vorheriger.

Ein anderer Seminarteilnehmer: »Ich habe einen Bekannten, der ein orthopädisches Schuhgeschäft besaß und Konkurs anmelden mußte.« Nun – vordergründig betrachtet, ist dies sicherlich ein Mißerfolg, doch bei genauerem Nachdenken steckt auch in diesem Mißerfolg ein Erfolg. Ich fragte den Seminarteilnehmer, ob denn sein Bekannter einigen Menschen mit seinen orthopädischen Schuhen geholfen habe. »Natürlich«, antwortete der Seminarteilnehmer, »er hatte ja auch etliche Kunden gehabt, doch insgesamt eben zuwenig, um dadurch genügend Umsatz

erwirtschaften zu können.« – »Nun«, sagte ich zu dem Seminarteilnehmer, »wenn dieser Unternehmer einigen Menschen durch seine Tätigkeit geholfen hat, ist das nicht ein wundervoller, phantastischer Erfolg?«
Wenn dieses Buch nur ein einziges Mal verkauft wird, aber der Käufer in seinem Leben erfolgreicher und glücklicher wird, soll ich dann dieses Buchprojekt als Erfolg oder als Mißerfolg definieren?
Ich weiß, daß ich mit dieser Art der Erfolgsdefinition bei manchen Lesern Unverständnis wecke. Doch Erfolg ist doch nicht abhängig davon, ob ein Unternehmen wirtschaftlich erfolgreich ist. Ich definiere Erfolg so: *Wenn auch nur einem einzigen Menschen durch meine Tätigkeit, mein Wirken, mein Unternehmen ein Nutzen gegeben wird, bin ich erfolgreich!*
Ich habe von 1991 bis 1994 in meiner Heimatstadt Schweinfurt erlebt, wie in einer Stadt die Arbeitslosenquote von 6 Prozent auf ca. 18 Prozent emporschnellte. Viele tausend Menschen verloren ihre Arbeit. Es gab nun einige, die diesen Umstand als Chance genutzt haben, sich selbständig zu machen, und erfolgreich wurden. Einige andere wiederum haben das Angebot des Arbeitsamtes wahrgenommen und einen CAD-Lehrgang begonnen – bereits drei Monate vor Lehrgangsende hatten alle (!) Teilnehmer bereits wieder einen Anstellungsvertrag in der Tasche. Es gab aber auch Menschen, die haben unmittelbar nach Erhalt ihrer Kündigung den Freitod gewählt. Die gleiche Tatsache, aber zwei unterschiedliche Reaktionen. Wie entscheiden Sie sich, wenn ein Mißerfolg in Ihrem Leben eintritt? Sind Sie ein Mensch, der die Chancen darin sieht, oder jemand, für den die Welt untergeht?
Die Ursache dafür, daß viele Menschen von einem vermeintlichen ›Mißerfolg‹ zu Boden geworfen werden, liegt oft daran, daß sie zu stark am Materiellen hängen. Oft wird Mißerfolg mit dem Verlust materieller Güter gleichgesetzt. Ein Mensch, der viel materielle Güter besitzt, ist demnach erfolgreich, ein Mensch, der wenig Materielles besitzt, erfolglos. Stimmt diese Definition denn wirklich? Wie würden Sie Mutter Theresa bezeichnen? Sie würden etwa folgendes sagen: »Eine kleine starke Frau, Friedensnobelpreisträgerin, deren Wirken vielen Tausenden wieder

Hoffnung gegeben hat.« Wohl kaum würden Sie folgendes sagen: »Diese Frau war erfolglos, weil sie das Geld, das sie bei der Verleihung des Nobelpreises erhalten hat, nicht gewinnbringend angelegt hat.« Erfolg kann eben viele Gesichter haben.
Jeder Mißerfolg kann also in der Regel auch als Erfolg definiert werden. Und jeder Mißerfolg ist gleichzeitig auch ein Zeichen, ein Richtungszeichen für Sie: Sie gehen Ihren Weg, und Sie haben einen Mißerfolg. Dieser Mißerfolg soll Ihnen helfen. Er gibt Ihnen die Information, daß die jetzige Richtung für Sie nicht gut ist. Sie haben also die Information erhalten, die Richtung Ihres Weges zu wechseln. Eigentlich sollten Sie für jeden Mißerfolg dankbar sein. Doch was tun die meisten Menschen? Sie laufen gegen eine Wand (Mißerfolg), doch statt daraus zu lernen und die Richtung neu festzulegen, stehen sie auf, um mit stärkerer Gewalt nochmals ›gegen die Wand zu laufen‹. Jeder Mißerfolg ist ein Verkehrsschild für Ihren eigenen Weg. Warum also sehen Sie Mißerfolg als ›Strafe Gottes‹ oder als negativen Schicksalsschlag an? Seien Sie dankbar für den Mißerfolg, und lernen Sie daraus, dann werden Sie jeden Mißerfolg in kürzester Zeit in große Erfolge verwandeln.
Bei vielen Menschen herrscht der Gedanke vor: »Ich bin es nicht wert, soviel Erfolg zu haben.« Diese Einstellung verhindert jedoch einen Erfolg im materiellen Bereich, aber auch im ideellen. Der Gedanke: »Ich habe es nicht verdient« sorgt immer für ein negatives Endergebnis. Ich habe es nicht verdient, einen solchen lieben Partner zu haben, ich habe es nicht verdient, solche liebe Kinder zu haben, ich habe es nicht verdient, soviel Geld zu verdienen usw. Ein solcher Gedanke wird unweigerlich Gestalt annehmen, wenn er in Ihrem Unterbewußtsein (siehe hierzu Kapitel 5) programmiert ist.
Erfolg ist ein kosmisches Gesetz, ein Naturgesetz. Alles in der Natur, von der Pflanze bis zum Universum, wächst – jeden Tag aufs neue. Wie kommen wir Menschen also auf die Idee, daß Wachstum etwas Negatives ist? Wie können wir uns einreden, ein Ende des Wachstums sei erreicht? Machen Sie sich darüber Gedanken, wohin Sie wachsen wollen – aber wachsen Sie! Jeder Mensch ist also seines ›eigenen Glückes Schmied‹.

Ein kleiner Junge spielte oft in einer Straße, in der sich eine große Baustelle befand. Der Junge beobachtete, wie fast jeden Tag eine große, teure Limousine vorfuhr, ein gutgekleideter Mann ausstieg und die Baustelle voller Stolz inspizierte. Eines Tages faßte sich der kleine Junge ein Herz, sprach den Mann an und fragte ihn, wie er es denn schaffen könne, später einmal genauso erfolgreich zu sein wie ei-. Der Mann stutzte, gab dann aber dem kleinen Jungen bereitwillig die gewünschte Auskunft: »Du kannst es so machen wie ich. Ich habe als kleiner Lehrling in einer großen Baufirma angefangen. Dies empfehle ich dir ebenfalls. Siehst du all die Arbeiter, die diesen Wolkenkratzer bauen?« fragte er den kleinen Jungen. Der bejahte seine Frage. »Nun«, sagte der Mann zu ihm, »siehst du, daß sie alle blaue Arbeitshemden tragen?« Der Junge bejahte wiederum seine Frage. »Gut, dann mußt du lediglich ein rotes Hemd anziehen. Wenn du als einziger unter all den anderen Arbeitern ein rotes Hemd anhast, dann wirst du stark auffallen, und dein Chef wird sehr schnell auf dich aufmerksam. Du mußt also anders sein als dic anderen.« Der Junge sah ihn mit großen Augen an, verstand jedoch noch nicht ganz, was der Mann ihm erklärt hatte. Doch der fuhr fort: »Mit einem roten Hemd wirst du deinem Chef mit Sicherheit sehr schnell auffallen. Allerdings mußt du dann auch entsprechend besser arbeiten als alle anderen. Denn wenn dein Chef auf dich aufmerksam wird, dann wird er auch bemerken, wenn (In dich im positiven Sinne von den anderen abhebst. Solltest du aber lediglich eine gleich gute oder sogar eine schlechtere Leistung als deine Kollegen erbringen, dann wird ihm auch dies sofort auffallen!«

Die kleine Geschichte drückt sehr schön die Philosophie dieses Kapitels aus, weist sie doch darauf hin, daß jeder seinen eigenen Erfolg produziert. Viele Menschen versuchen jedoch, möglichst leicht durchs Leben zu kommen, ihre Arbeit ohne große Anstrengung zu erledigen – und wundern sich dann, wenn der erwünschte Erfolg ausbleibt.

Erfolg und Mißerfolg liegen ganz eng beieinander – nämlich nur einen einzigen Gedanken entfernt! Deshalb sollte es auch Ihnen möglich sein, schon heute damit zu beginnen, Ihren Erfolg für die Zukunft zu veranlassen.

Leitthesen zu Kapitel 2:

1. Es gibt keinen Mißerfolg. Jeder Erfolg ist das Ergebnis des Denkens!
2. Erfolg ist Leben. Leben ist Wachstum. Wachstum ist Weiterentwicklung!
3. Was sich nicht weiterentwickelt und der Evolution anpaßt, verschwindet!
4. Bekommen Sie von den Menschen in Ihrem Lebensbereich genügend Lob, Anerkennung und Streicheleinheiten? Wenn nicht, dann haben Sie diesen Menschen in der Vergangenheit zuwenig Lob und Anerkennung gegeben!
5. Eine Strategie meines Erfolgssystems lautet: Mach dich bei möglichst vielen Menschen unersetzlich!
6. Alles Negative und Positive, das Sie weitergeben, kommt wie ein Bumerang wieder zu Ihnen zurück!
7. Versuche nicht, deine Vergangenheit zu ändern, sondern beginne heute damit, deine Zukunft zu gestalten!
8. Jeder Mißerfolg ist ein Verkehrsschild auf Ihrem Erfolgsweg, das Ihnen die Richtung weisen soll!
9. Die Schöpfung möchte, daß Sie erfolgreich sind!

Notizen:

3. Kapitel

Alles ist möglich!

»Alle Dinge sind möglich für den, der glaubt.«
Markus 9,23

Ich weiß nicht, wie oft ich den Satz »Alles ist möglich« in den letzten Monaten geschrieben habe, doch es war viele tausend Male. Denn diesen Satz habe ich stets als Widmung in mein Buch geschrieben.

Es ist mein Lebensmotto, der Satz, der mir am meisten bedeutet. Es ist ein solch optimistischer, positiver Satz, der – wenn man ihn wirklich in seinem Unterbewußtsein verankert – dafür sorgt, daß das eigene Leben eine wundervolle Wandlung erfährt.

Alles ist möglich, alles können wir erreichen – wenn wir nur wollen.

Das gilt auch für Naturwissenschaftler. Was hat diese Spezies nicht schon alles als wissenschaftlich ›unmöglich‹ dargestellt! So galt etwa lange Zeit das Atom als unspaltbar. Und so herrschte über Jahrhunderte im Mittelalter die Meinung vor, die Erde sei eine Scheibe – und so müsse jeder ins Nichts stürzen, der zu weit aufs Meer hinaussegele.

Die Naturwissenschaftler erforschen und stellen Tatsachen fest, Visionäre erschaffen Tatsachen!

Ein reicher Mullah hinterließ seinen drei Söhnen siebzehn Kamele. Im Testament stand zu lesen: »Der Älteste soll die Hälfte bekommen, der Zweitälteste ein Drittel und der Jüngste ein Neuntel meines Vermögens.«
Und so zerbrachen sich die drei Söhne verzweifelt den Kopf ob dieser unlösbaren Aufgabe. Wie sollten sie teilen, ohne einige Kamele zu zerstückeln?
Da kam ein weiser(und sehr innovativer) Mann auf seinem Kamel dahergeritten und hörte die verzweifelten Brüder an. »Alles ist möglich!« rief er aus. »Ihr müßt nur mit den alten Regeln brechen.«
Er stellte sein Kamel zu den siebzehn und sprach: »Jetzt sind es achtzehn Kamele. Der Älteste soll die Hälfte bekommen, das sind neun. Der Zweitälteste soll ein Drittel bekommen, das sind sechs Kamele. Der Jüngste soll ein Neuntel bekommen, das sind zwei. Macht zusammen siebzehn Kamele, und so bleibt meines übrig.«
Sprach's, stieg auf sein Kamel und ritt davon.*

Kennen Sie die Romane von Jules Verne? Jules Verne hatte einmal gesagt, daß er einfach die Leistungsfähigkeit der besten Maschine mal vier nehme, um dann solche Resultate in seinen Romanen zu verarbeiten. Dazu ein Schuß Phantasie und jede Menge ›Möglichkeitsdenken‹ – fertig waren seine Science-fiction-Romane. Doch wieviel dieser Science-fiction-Geschichten sind nicht mittlerweile Realität geworden? Die Reise zum Mond, damals belächelt und ins Reich der Phantasie verbannt, ist heute Realität.
Oder denken Sie an die Möglichkeiten des Computer-Zeitalters. Der nächste Nintendo-Spielcomputer wird die gleiche Speicherkapazität besitzen, die der Computer des US-Verteidigungsministeriums vor achtzehn Jahren aufwies. Und es gibt Stimmen, die behaupten, daß die gesamte Computerbranche noch in den Windeln liegt, vielleicht noch nicht einmal dort, also noch eine gewaltige Innovationswelle auf uns zukommt.

* Aus Günther und Metta Bayer, *Innovations- und Ideenmanagement*, Düsseldorf 1994.

Nun wird vielleicht der eine oder andere einwenden, daß es nun einmal Umstände gibt, die dafür sorgen können, daß etwas unmöglich ist.
Der Amerikaner Robert W. Woodruff, der bis zu seinem Tod im Jahr 1985 fast 65 Jahre lang die Geschicke der Coca-Cola Company in Atlanta leitete und dabei einen der größten und erfolgreichsten Konzerne der Welt schuf, war in der Schule ziemlich schlecht und unbeholfen. Rückblickend scheint er an einer nicht erkannten Dyslexie (Lesestörung) gelitten zu haben. Noch als Erwachsener hatte er eine offene Abneigung gegen das Lesen, was er auch deutlich zeigte. Selbst seine Mitarbeiter konnten bemerken, wie er beim Lesen jedes Wort einzeln las und wartete, bis ihm dessen Bedeutung klarwurde, ehe er stockend zum nächsten vorrückte. Während seiner Schulzeit hatte er häufig Probleme bei seinen Hausaufgaben, und es wurde ihm des öfteren übel. Seine Noten waren miserabel, und er benötigte Nachhilfeunterricht. Allerdings wurde seine Dyslexie nicht bemerkt, weder von seinen Lehrern noch von seinen Eltern. Ja, seine Eltern hatten sogar den Verdacht, daß er deshalb so schlechte Noten hatte, weil er sich nicht genügend anstrengte. Doch wenn dieser Robert W. Woodruff mit dieser Schwäche den bekanntesten Markennamen der Welt aufbaute, *was sollte dann Sie daran hindern, ebenfalls Großes zu vollbringen?*
Es gibt keine noch so große Aufgabe, kein noch so großes Problem, welches der Mensch nicht imstande wäre zu lösen. Denken Sie nur einmal an die irrwitzige, abwegige Idee, einen Kanal vom Pazifischen zum Atlantischen Ozean quer durch Panama zu bauen. Hätte nicht Generalmajor George Goethals die Leitung des Projekts übernommen und die Bereitschaft gehabt, immer wieder am Nullpunkt zu beginnen, so wäre das ehrgeizige Projekt mit größter Wahrscheinlichkeit gescheitert. Höchstwahrscheinlich wäre dieses teure und ›unmögliche‹ Projekt als ein beispielloser Mißerfolg in die Geschichte eingegangen. Es gab nicht enden wollende Schwierigkeiten, die jedoch letztendlich alle gemeistert wurden. So bereitete etwa der Aushub eines bestimmten Abschnitts des Kanals außerordentlich große Schwierigkeiten. Es dauerte mehrere Monate, bis das Erdreich abgehoben

und der Abschnitt fertiggestellt war. Doch kurz darauf brach die gesamte Konstruktion zusammen. Können Sie sich vorstellen, wieviel Mut, Kraft und positives Denken es erfordert, die Arbeit von vorne zu beginnen und den Mißerfolg zu vergessen?
Kommen Sie jedoch bitte nicht auf die Idee, Sie bräuchten nur große Träume zu haben und alles würde ›wie am Schnürchen laufen‹. Natürlich wird es bei der Umsetzung einer großen Idee Mißerfolge geben. Es werden wieder neue Probleme auftauchen. Doch sind es nicht genau diese zwischenzeitlichen Probleme und Mißerfolge, die letztendlich dafür sorgen, daß Sie nach erfolgreicher Beendigung Ihres großen Projekts stolz und zufrieden auf Ihre Leistung zurückblicken können?
Von dem bekannten amerikanischen Entertainer Fred Astaire ist bekannt, daß ein Regisseur beim Beginn seiner Karriere einmal folgende schriftliche Beurteilung über ihn abgab:

Name:	Fred Astaire
Bemerkung:	– miserabler Schauspieler
	– fast glatzköpfig
	– kann nur leidlich tanzen

Diese Beurteilung hing viele Jahre über dem Kamin in Astaires Haus – und er war stolz darauf, es dem Regisseur und sich selbst ›gezeigt‹ zu haben. Fred Astaire ließ sich von dieser Beurteilung nicht entmutigen, sondern es war ein Ansporn, eine Motivation für ihn, nun erst recht an seinem Erfolg zu arbeiten.
Wer weiß heute noch, daß die Pepsi Company, die 1994 ca. 1,5 Milliarden Dollar Gewinn erzielte, zunächst mehrmals in Konkurs ging, ehe dann der Erfolg eintrat und ein weltweit tätiger, erfolgreicher Konzern entstand?
Wer weiß heute noch, daß Marlboro dreißig Jahre lang auf den Durchbruch warten mußte? 1924 startete Marlboro als eine Zigarettenmarke, die in erster Linie für Frauen gedacht war. Erst in den fünfziger Jahren trat dann der große Erfolg ein, als das Image von Marlboro mit Hilfe des berühmten Cowboys geändert wurde. Viele Firmen haben erst Mißerfolge erleiden müssen,

mußten große Schwierigkeiten und Probleme überwinden, ehe dann der große Erfolg eintrat. Lassen Sie sich also nicht von Problemen und Mißerfolgen entmutigen, um möglicherweise darauf zu verzichten, außergewöhnliche Erfolge in Ihrem Leben zu erreichen!

Auch ist es nicht unbedingt wichtig, welche Voraussetzungen Sie mitbringen, ob Sie. vielleicht reiche Eltern besitzen, ob Sie vielleicht eine höhere Schulausbildung genossen haben. *Etwa 80 Prozent der erfolgreichsten Unternehmer haben weder Abitur noch, Hochschulabschluß.* Viele erfolgreiche Menschen haben trotz – oder oftmals aufgrund – ihrer schlechten Grundvoraussetzungen Erfolg im Leben gehabt.

So auch der Amerikaner W. Mitchell. Nicht nur, daß ein Großteil seiner Körperhaut bei einem Verkehrsunfall verbrannte, seit einem Flugzeugabsturz ist er auch noch gelähmt und sitzt im Rollstuhl. Dies hat Mitchell nicht daran gehindert, eine äußerst erfolgreiche Firma aufzubauen, eine bemerkenswert hübsche und intelligente Frau zu heiraten und mit ihr in Wohlstand und Glück zu leben, wie Mitchell selber von sich gerne erzählt. Ein anderer Mann hatte alles, was sich ein Mensch nur wünschen kann. Er stammte aus reichem, angesehenem Elternhaus. Mit dreißig Jahren war er bereits äußerst erfolgreich und wurde von vielen Menschen anerkannt und bewundert. Doch mit dreiunddreißig Jahren beging er Selbstmord, scheiterte also kläglich am Leben. Er starb an absoluter Kokain- und Heroinvergiftung. Dieser Mann hieß John Belushi und ist unvergeßlich durch seine Rolle in dem Film ›Blues Brothers‹. Sie sehen also, daß gute Grundvoraussetzungen nicht gleichbedeutend mit einem erfolgreichen und glücklichen Leben sind. Sie erschaffen sich Ihre eigene Wirklichkeit, Sie erschaffen sich Ihren eigenen Erfolg, unabhängig davon, ob Sie sich zur Zeit gerade in einer Phase des Mißerfolgs befinden. Mißerfolg, Pechsträhnen, das Gefühl, ständig zu versagen, sind niemals von Dauer, sondern verschwinden mit dergleichen Regelmäßigkeit, mit der auf jede Nacht ein Tag folgt. *Alles ist möglich!*

Ein Tier folgt seinen Instinkten. Doch Sie, als Mensch, haben die freie Entscheidung über Ihr Leben. Es liegt an Ihnen, was Sie verursachen.

Der Grieche Demosthenes stotterte in seiner Kindheit. Er hatte jedoch den brennenden Wunsch, ein großer Redner zu sein. So nahm er Kieselsteine in den Mund und schrie das Meer an. Und mit Kieselsteinen im Mund lief er Berge hinauf und rezitierte dabei Gedichte. Bei seinem ersten öffentlichen Auftritt stotterte er immer noch – er blamierte sich fürchterlich. Doch er gab nicht auf, und eines Tages war Demosthenes zu einem der größten Redner des griechischen Altertums gereift.
Dieter Thomas Heck war als Kind nach einem Bombenangriff in Hamburg zwei Tage verschüttet. Als er endlich befreit wurde, stotterte er. Er übte jedoch ausdauernd, überwandt seine Behinderung und wurde schließlich als ›Schnellsprecher der Nation‹ ein gefeierter und bekannter Fernsehmoderator, eine erfolgreiche Persönlichkeit. Auch von Marilyn Monroe heißt es, sie habe als Kind gestottert.
Wenn aber aus Stotterern große Redner und gefeierte Fernsehmoderatoren werden – was könnte dagegensprechen, daß auch Sie Ihren Erfolg vervielfachen? Sollten Sie ein eigenes Unternehmen gegründet haben, so werden Sie noch wissen, wie viele ›gute‹ Ratschläge Ihnen erteilt wurden:

- »Das klappt ja doch nicht!«
- »Unmöglich!«
- »Wenn das so einfach wäre, hätten es ja schon andere versucht!«
- »Jetzt, in der Rezession?«
- »Du?«
- »Du hast doch gar nicht das Fachwissen (Geld usw.) dazu!«

Sie kennen all die vielen gutgemeinten Ratschläge, mit denen Ihnen abgeraten wurde, dieses Geschäft in ausgerechnet dieser Branche in ausgerechnet diesem Gebiet zu eröffnen. Doch gerade die ›unmöglichen‹ Ideen sind es, die letztendlich den Erfolg verursachen. Ich habe festgestellt, daß es oftmals sogar schädlich ist, sich allzu viele ›Ratschläge‹ von allen möglichen Beratern, Freunden und Bekannten einzuholen. 78 Prozent aller Deutschen (nach einer TED-Umfrage des Radiosenders RTL) glau-

ben an das Ende der Welt, wenn ihre Generation nicht mehr existiert. Demzufolge sind also 78 Prozent aller Menschen auch negativ und pessimistisch eingestellt. Welche Ratschläge, glauben Sie, werden Sie erhalten, wenn Sie diese von zehn Personen einholen? Aller Wahrscheinlichkeit nach sieben bis acht negative.
Vermeiden Sie es, überall um Rat zu fragen, sondern konzentrieren Sie sich dann schon eher auf die Ratschläge einiger weniger Menschen, die selbst bereits Erfolg hatten. Vertrauen Sie auch auf Ihr Gefühl, auf Ihren ›Bauch‹, denn alle Antworten, die Sie suchen, sind letztlich bereits in Ihnen. Alles, was Sie sich vorstellen können, ist auch möglich. Kennen Sie das größte Wunder? Das größte Wunder ist das Wunder des menschlichen Lebens: Aus einer Ei- und Samenzelle erwächst ein Kind. In diesen mikroskopisch kleinen Zellen ist bereits alles angelegt: Hände, Beine, Kopf, Haarfarbe, Augenfarbe, Talente, Begabungen, Größe, das Zusammenspiel aller Organe usw.
Wie bereits in diesen Zellen der ganze Körper angelegt ist, so besitzen Sie heute auch alle Möglichkeiten und Mittel, um ein außergewöhnlich erfolgreiches Leben zu führen. Die Schöpfung will, daß Sie einen liebenden Partner haben, gesund sind, viel Geld verdienen, einen Beruf als ›Berufung‹ ausüben usw. Doch warum tun viele Menschen alles, um erfolglos zu werden oder zu bleiben?
1950 wurde ein junger Mann Prediger in Chicago. Fünf Jahre später fuhr er mit seiner Frau Arvella und seinen drei Kindern, einer gebrauchten Orgel und einigen Dollars in seinem klapprigen PKW quer durch die Vereinigten Staaten nach Anaheim in Kalifornien. Dort übernahm er eine Gemeinde mit sechs Mitgliedern. Da die Gemeinde keine Kirche besaß, kam er eines Tages auf die Idee, seinen Sonntagsgottesdienst in einem Autokino abzuhalten. Er stellte sich einfach auf das Dach der Imbißbude und predigte von dort aus zu den in den Autos sitzenden Zuhörern. Nach einiger Zeit baute er eine Kirche, zweigeteilt – ein Teil als normale Kirche, ein Teil als Autokirche, wie er es von den letzten Jahren gewohnt war. Schließlich hatte er die Idee, eine große Kathedrale für mindestens dreitausend Menschen zu bauen. Er ging zum ersten Architekten und trug ihm seine Idee vor, daß diese Kathedrale vollkommen aus Glas sein

müsse, also alle Wände und die Decke komplett aus Glas, damit während des Gottesdienstes der Himmel, die Sonne und die Bäume zu sehen seien. Der Architekt sah ihn ungläubig an und erklärte ihm, dies sei unmöglich. Anaheim liege in einem Erdbebengebiet, und bei einem ersten Beben würde die Glaskathedrale zusammenbrechen. Dieser Pfarrer namens Dr. Robert Schuller zückte daraufhin sein Wörterbuch, das er immer bei sich trug, und reichte es dem Architekten mit der Bitte, ihm doch einmal das Wort unmöglich zu buchstabieren. Der Architekt schlug die entsprechende Seite auf und fuhr mit dem Finger suchend über die einzelnen Wörter. Schließlich stoppte er, schaute Dr. Schuller ungläubig an und sagte ihm, daß das betreffende Wort herausgeschnitten sei. »Richtig«, sagte Dr. Schuller, »denn das Wort unmöglich existiert in meinem Wortschatz nicht!« Dr. Schuller fand schließlich einen Architekten, der ihm eine solche Kirche aus Glas plante. Die Kathedrale sollte ca. 10 bis 15 Millionen Dollar kosten – doch Dr. Schuller besaß keinen einzigen Dollar. Daraufhin kam ihm die Idee, einzelne Fenster für einen bestimmten Dollarbetrag zu verkaufen. Gleichzeitig erhielt jeder Spender eine Bodenplatte mit seinem Spendernamen auf dem Gehweg vor der Kathedrale. Durch diese Idee wurden genügend Geldmittel gespendet, so daß Dr. Schuller seine Kathedrale bauen konnte. Heute ist diese bekannt unter dem Namen ›The Crystal Cathedral‹ und befindet sich in unmittelbarer Nähe zum Disneyland in Anaheim. Dr. Schuller predigt jede Woche vor über dreitausend Besuchern, und seinen Gottesdienst sehen ca. 50 Millionen Zuschauer jede Woche weltweit im Fernsehen. Die Crystal Cathedral hat mittlerweile einen Wert von über 100 Millionen Dollar.
Mit welchen Problemen sehen Sie sich momentan konfrontiert, die Sie für unlösbar halten? Wenn es möglich ist, daß ein junger Pastor aus dem Nichts eine riesige Gemeinde aufbaut, daß es ihm gelingt, ohne einen einzigen Dollar eine Kristallkathedrale zu bauen, die heute über 100 Millionen Dollar wert ist – was sollte dann für Sie unmöglich sein?
Hermann Hesse sagte einmal: »Damit das Mögliche entsteht, muß immer wieder das Unmögliche versucht werden!«

Es lebte einmal ein Mann, der
- erbte keinen berühmten Namen;
- war ungeschult;
- hatte keine Beziehungen zu VIPs und Menschen mit Macht und Einfluß;
- hatte keine Organisation im Rücken;
- bekam Mitarbeiter, die grob, kulturlos, ungelehrt und unwissende Versager waren.
- Seine Mitarbeiter erwiesen sich als unbeständig, unsicher, unverläßlich und enttäuschend.
- Er erntete Undankbarkeit, Zurückweisung, Unverständnis und Verrat.
- Er war zeitlebens unverheiratet und hatte keine Kinder.
- Er lebte und starb in Armut.

Wie würden Sie einen solchen Menschen beschreiben? Als einen erfolgreichen oder einen erfolglosen Menschen? Könnten Sie sich vorstellen, daß dieser Mensch der erfolgreichste Mensch aller Zeiten ist? Sein Name ist . . .

Jesus!

Vielleicht werden jetzt einige Leser kritisieren, daß Jesus doch schließlich am Kreuz gestorben ist. Dies ist richtig. Doch ist Jesus Christus nicht gleichzeitig durch sein Leben und sein Wirken unsterblich, also in höchstem Maße erfolgreich geworden?

Ist es nicht das, was das Leben ausmacht? Immer wieder in Möglichkeiten zu denken, sich von Mißerfolgen und Problemen nicht entmutigen zu lassen, um sich auf diese Weise weiterzuentwikkeln?
Wenn ein Mensch mit den denkbar schlechtesten Voraussetzungen, mit einem Leben voller Probleme, Rückschläge und Mißerfolge letztendlich doch so unglaublich erfolgreich wird, dann frage ich Sie: Wer sollte Sie daran hindern, erfolgreich zu sein – außer Sie selbst?

Die Hummel . . .

. . . hat eine
Flügelfläche von
0,7 Quadratzentimetern
bei einem Gewicht von
1,2 Gramm.
Nach den
bekannten Gesetzen
der Aerodynamik
kann sie nicht fliegen.
Die Hummel weiß das nicht . . .

. . . sie fliegt einfach!

Leitthesen zu Kapitel 3:

1. Alle Dinge sind möglich für den, der glaubt!
2. Die Naturwissenschaftler erforschen und stellen Tatsachen fest, Visionäre erschaffen Tatsachen!
3. Damit das Mögliche entsteht, muß immer wieder das Unmögliche versucht werden!
4. Streichen Sie das Wort ›unmöglich‹ aus Ihrem persönlichen Wortschatz – und schneiden Sie es am besten aus Ihrem Wörterbuch heraus!
5. Die Hummel kann eigentlich nicht fliegen . . . aber sie fliegt einfach!!!

Notizen: ______________________________

____

____

____

____

____

4. Kapitel

Management by Revolution

Als Kolumbus Amerika entdeckte, mußte er zuvor die bekannten Gewässer verlassen haben!

Alle Methoden, Gesetze und Strategien dieses Buches lassen sich immer sowohl für den privaten als auch für den beruflichen und unternehmerischen Bereich nutzen und übertragen. Da ich annehme, daß die meisten Leser im Berufsleben stehen, möchte ich in diesem Kapitel aufzeigen, daß unser Weg auch in Unternehmen zum Erfolg führt. Es steht Ihnen natürlich frei, Ihre eigenen Erfahrungen zu machen, doch warum wollen Sie das Rad noch einmal neu erfinden? (Die Menschheit hat Jahrtausende benötigt, um das Rad zu erfinden.) Wenn Erfindungen von den Menschen nicht einfach übernommen werden, dann gäbe es keine Weiterentwicklung. Lernen wir also von den Erfolgreichen.
In den letzten Jahren hat eine Vielzahl von Managementstrategien mit ungeheuer wohlklingenden Namen Einzug in den Unternehmen gehalten: TQM (Total Quality Management), Lean Management, Lean Production, Reengineering, Just in Time, KVP (Kontinuierlicher Verbesserungsprozeß), Kaizen, Benchmarketing usw. – die Liste der Managementtechniken, die derzeit durch die Wirtschaft geistert, ließe sich beliebig fortsetzen.
Nachdem Japan, das noch zu Beginn der sechziger Jahre als Entwicklungsland im Bereich der Wirtschaft eingestuft wurde, innerhalb von drei Jahrzehnten zu einer der führenden Wirtschaftsmächte aufgestiegen ist, glauben die westlichen Manager, unbedingt die Strategien und Techniken der Japaner übernehmen zu müssen. Gerade Kaizen oder KVP geriet zum Slogan Nummer eins in den Unternehmen. Ein ständiger Verbesse-

rungsprozeß in kleinen Schritten und ohne große Kosten – das ist das ganze Geheimnis von KVP. Trotzdem funktioniert es. Um so trauriger für die Lenker der westlichen Konzerne, ist es doch für die allermeisten kleinen und mittleren Betriebe selbstverständlich, das ›Ohr am Markt‹ zu haben und permanent über eine Verbesserung von Qualität, Preis, Kosten usw. nachzudenken und die daraus resultierenden Erkenntnisse umzusetzen.
Doch in den großen Betrieben, mittlerweile zu schwerfälligen, langsamen ›Elefanten‹ geworden, benötigt man dafür wieder wissenschaftliche Managementtechniken, die dann – in möglichst komplizierten Prozessen – im Betrieb umgesetzt werden.
Es kann natürlich nicht darüber hinweggesehen werden, daß die Japaner mit diesen und anderen Managementtechniken durchaus große Erfolge erzielten. *Denn: Je vergleichbarer ein Produkt ist, eine desto größere Rolle spielt der Preis.*
Doch wozu haben eigentlich diese Strategien in den allermeisten Fällen geführt? 1994 kamen in den USA 64 neue Spaghettisaucen in die Regale der Supermärkte. Natürlich war jede einzelne Sauce für sich, aufgrund eines KVP-Prozesses, weiterentwickelt und auf den Markt gebracht worden. Doch 61 Nudelsaucen sind in kürzester Zeit wieder aus den Regalen verschwunden. Es ist toll, wenn man etwas Bestehendes verbessern kann, doch mal ›Hand aufs Herz‹ Braucht der amerikanische Endverbraucher wirklich 64 neue, verbesserte Spaghettisaucen?
Das Beispiel mit den Nudelsaucen ist ein Synonym für viele andere Produkte. Alle 30 Minuten kommt in den USA ein neues Produkt in die Lebensmittelläden – und 90 bis 95 Prozent der neu eingeführten Produkte verschwinden innerhalb eines Jahres wieder, weil sie sich auf dem Markt nicht durchsetzen konnten.
Führen Sie sich das bitte einmal vor Augen: Die Firmen entwikkeln ihr Produkt weiter, lassen für die Verpackung ein teures Design entwerfen, investieren in mehr oder weniger teure Marketingkampagnen, teilweise werden eigene Fertigungsbereiche dafür neu geschaffen – und neun von zehn dieser neu eingeführten ›Innovationen‹ verschwinden wieder.
Trotz der riesigen Zahl an ständig neu eingeführten Lebensmittelprodukten klagen die amerikanischen Supermärkte darüber,

daß es an den ›echten Hämmern‹, also an den wirklichen Neuerungen, fehlen würde. Die Welt braucht nicht noch ein italienisches Edellokal, noch ein neues 300-PS-Auto, noch eine neue Spaghettisauce. Was die Welt möchte – und wozu sie auch bereit ist, es teuer zu honorieren –, sind Erlebnisse, sind ›Knaller‹, sind ›Hämmer‹. Deshalb ist es höchste Zeit, daß sich die Unternehmen wieder einmal darüber Gedanken machen, echte ›Revolutionen‹ in ihren Unternehmen umzusetzen. Setzen Sie ruhig all die phantastischen Managementtechniken um – sie sind ja auch toll und funktionieren sogar, doch sie sind lediglich die *Grundvoraussetzung für Ihren Erfolg*. Wenn Sie aber den richtigen Erfolg wollen, den durchschlagenden Erfolg, dann müssen Sie Revolutionen in Ihrem Unternehmen auslösen.

Eine solche Revolution war und ist die Swatch-Uhr. In einem völlig gesättigten Markt, in einer Zeit, in der die traditionsreichen Schweizer Uhrenbetriebe nach und nach in Konkurs gingen, brach Nikolas Hayek wie eine Urgewalt ein. Die positiven Folgen sind allgemein bekannt (ca. 150 Millionen verkaufte Swatch-Uhren, Wiedergeburt der Schweizer Uhrenindustrie).

Eine solche echte Revolution führte seinerzeit der Amerikaner Ray Kroc durch, der ›Vater‹ der McDonald's-Restaurants. Zwar eröffnete er Restaurants (die es natürlich in Amerika schon damals wie ›Sand am Meer‹ gab), aber es waren andere Restaurants – Restaurants, wie sie bis dahin einfach nicht üblich waren. Hier handelte es sich nicht um eine Verbesserung in kleinen Schritten bei etwas Bestehendem, sondern hier handelte es sich um eine Revolution nie gekannter Art und Weise. Nach den momentan vorherrschenden Managementtechniken hätte Ray Kroc in seinem bestehenden Restaurant vielleicht den Kundennutzen dergestalt erhöht, indem er veranlaßt hätte, den Aschenbecher nicht nur einmal pro Stunde, sondern alle zwei Stunden zu leeren. Ein Prozeß wäre es beispielsweise gewesen, das Fleisch um 3 Prozent preiswerter bei einem anderen Fleischer (bei gleicher Qualität) einzukaufen. Ein weiterer KVP-Prozeß wäre es gewesen, zusätzlich zu kalifornischem Wein auch französischen Wein anzubieten. Doch glauben Sie wirklich, Ray Kroc hätte mit derartigen kleinen Schritten ein solches Imperium aufge-

baut wie mit der revolutionären Idee der Fast-food-Lokale? (Die Idee stammte zwar nicht von ihm, sondern von den Brüdern McDonald's, doch er setzte diese Innovation in großem Stil um.)
Eine solche Revolution verursachten auch die »Fisherman's-Friend-Lutschpastillen«. Die Firma Lofthouse wirft sämtliche modernen Managementtechniken über den Haufen. Von wegen moderne Computeranlage, Just in Time, Reengineering oder was es sonst noch an modernen Strategien gibt – Fisherman's Friend brach einfach in den Markt der Lutschpastillen und einem dahinterstehenden Lebensgefühl ein, erwirtschaftet damit unglaubliche Gewinne und pfeift auf die Ratschläge der sogenannten Management-Gurus. Die Maschinen bei Fisherman's sind veraltet, es arbeiten eigentlich zu viele Mitarbeiter im Werk, die Computeranlage ist nicht mehr up to date – doch Fisherman's weitet seinen Erfolg ständig aus, erwirtschaftet phantastische Gewinne – und jedes Jahr pilgern von den größten Konsumgüterkonzernen Abgeordnete in das kleine Dorf, um die Eigentümer zum Verkauf zu bewegen. Was diese mit der Begründung ablehnen, sie verdienten genügend Geld, mehr als essen und trinken können sie nicht!
Eine solche Revolution löste die Firma Microsoft aus. Bill Gates, ein junger Mann, stets in Jeans, Turnschuhen und T-Shirt gekleidet, entwickelte das MS-DOS-Betriebssystem, revolutionierte dadurch das Computergeschäft und ist heute nicht nur erbitterter Konkurrent des damaligen Giganten IBM, sondern darüber hinaus mit ea. 64 Mrd. DM Vermögen 1997 der reichste Mann der Welt. (Vor kurzem hat er die Rechte für 100 000 Gemälde zur elektronischen Nutzung erworben. In naher Zukunft können Sie mit Hilfe extrem flacher Großbildschirme Ihre ›eigenen‹ Bilder berühmter Maler ins Haus holen – und täglich wechseln.)
Eine solche Revolution löste die Firma Sony seinerzeit mit ihrem Walkman aus. Bis heute ist zwar umstritten, ob Sony der Erfinder des Walkmans ist, doch entscheidend ist, daß Sony als erster dieses Produkt in den Markt einführte – und zum einen dadurch traumhafte Umsätze erzielte und zum zweiten sein Image als innovationsfähiges Elektronikunternehmen ausbaute.

Eine solche Revolution löste auch die Computerfirma Nintendo mit ihren ›Gameboys‹ aus. Bei etwa 5 Milliarden Dollar Jahresumsatz erwirtschaftet Nintendo rund 1,2 Milliarden Dollar Gewinn – das nenne ich eine Revolution!
Oder denken Sie an die Fernsehsender MTV (Musikkanal) oder CNN (Nachrichtenkanal) in den USA. Kein Mensch hätte damals einen Cent auf den Erfolg dieser beiden Fernsehkanäle gesetzt. Zu spezialisiert schienen diese Nischen zu sein. Ein Kanal ausschließlich für Nachrichten und einer ausschließlich für Musikclips – so was ist doch ›unmöglich‹. Tatsache ist, daß beide Kanäle supererfolgreich und Vorreiter ganzer Generationen von ähnlichen Fernsehkanälen wurden.
Auch meine eigene Firma, die INLINE Unternehmensberatung, möchte ich unter die ›Revolutionäre‹ einstufen. Wir haben ein besonderes Beratungskonzept entwickelt, nach dem wir eine ganzheitliche Beratung anbieten, das heißt von der Strategieberatung, der betriebswirtschaftlichen Beratung, der Aus- und Fortbildung der Mitarbeiter bis hin zu Vernetzungen innerhalb der beratenen Betriebe usw. Außerdem wurde ein spezielles Konzept des Firmenaufbaus gewählt. Für jede Branche, die von INLINE beraten wird, wird ein eigenständiges Unternehmen gegründet. Alle Berater sind eigenständige, freie Subunternehmer, die keinerlei Weisungsgebundenheit unterliegen und ausschließlich auf Erfolgsbasis arbeiten (was übrigens zur Folge hat, daß die meisten INLINE-Berater bereits nach ein bis zwei Jahren zu den Spitzenverdienern der Branche zählen). Es gibt keine vorgegebenen Beratungsrichtlinien, es gibt, wie gesagt, keine Weisungsgebundenheit, es gibt keine Kontrollen der Mitarbeiter, es gibt keine zentralisierte Verwaltung (die Verwaltung der INLINE-Holding besteht zur Zeit aus einer festangestellten Mitarbeiterin und zwei Teilzeitkräften). Was die ›normalen‹ Beratungsunternehmen tun, wurde bei INLINE anders gemacht. Wir nennen das Revolution.
Also wo sind sie, Ihre Revolutionen? Könnten Sie sich vorstellen, daß Sie

- **Ihre Lagerhaltung um mindestens 50 Prozent reduzieren?**

- **Ihre Kosten um 30 Prozent senken?**
- **gleichzeitig Ihren Umsatz innerhalb von zwei Jahren um 50 Prozent steigern?**
- **die Anzahl Ihrer Mitarbeiter trotzdem auf dem jetzigen Level halten?**
- **die Entwicklungszeit eines neuen Produkts um 80 Prozent verkürzen?**

Nun, vielleicht gehen Sie nicht alle Punkte auf einmal an, doch einige dieser Aufgaben sollten Sie sich schon vorstellen. Mit ›vorstellen‹ meine ich, noch heute mit der Planung zu beginnen, um sie bereits morgen umzusetzen. In China leben etwa 1,2 Milliarden Menschen, und jährlich wächst dort die Bevölkerung um weitere 20 Millionen. Eine Arbeitsstunde kostet dort ca. 60 Pfennig, und in wenigen Jahren wird die Arbeitsqualität mit der in den westlichen Ländern vergleichbar sein. Wenn Sie sich dies, die Entwicklung im übrigen Asien sowie die in Osteuropa vor Augen halten, bleibt Ihnen gar nichts anderes übrig, als Revolutionen in Ihrem Unternehmen auszulösen, um in Zukunft überhaupt noch konkurrenzfähig zu sein.

Meldet sich nun wieder Ihr Unterbewußtsein, um Ihnen einzuflößen, dies sei ›unmöglich‹? Perey Barnevik verkleinerte die Verwaltung der ABB (Asia, Brown & Boveri) von sechstausend Mitarbeiter auf einhundertfünfzig innerhalb eines Jahres! Könnten Sie sich vorstellen, Ihre Verwaltung um 97,5 Prozent zu reduzieren?

Diese Revolutionen könnten in allen Bereichen der Wirtschaft und des Lebens ausgelöst werden – wenn wir nur daran glauben und ernsthaft einmal völlig neue Wege gehen würden. Nehmen wir den Gesundheitsbereich. In Deutschland wurde 1994 eine Gesundheitsreform durchgesetzt (mit viel Ärger), die letztendlich lediglich dazu geführt hat, daß ein weiterer Kostenanstieg für kurze Zeit vermieden wurde. Ist das Revolution oder ein kontinuierlicher Verbesserungsprozeß? Im alten China wurden die Ärzte bezahlt, wenn der Mensch gesund war. Heute werden die Ärzte dann bezahlt, wenn der Mensch krank ist. Kann es sein, daß hier vielleicht wieder einmal eine Revolution ausgelöst werden müßte? Doch wo sind sie, die Visionäre, die Spinner, die

Träumer, die wirklich wieder etwas bewegen möchten? Die erfolgreichsten Menschen der Geschichte waren keine Realisten, keine Menschen, die kontinuierlich Kleinigkeiten verbesserten. Es waren Spinner, Träumer und Visionäre. Oder wie würden Sie Charles Lindbergh, Thomas A. Edison, Henry Ford, Bill Gates und all die anderen sonst bezeichnen? Vergessen Sie auch die vielen Trendgurus, Trendforscher, Marktanalysen und Marktforschungsergebnisse. Ich habe noch nie davon gehört, daß ein Unternehmer eine echte Revolution auf den Markt brachte, weil er diese von einem Trendbüro oder einem Marktforschungsinstitut vorausgesagt bekommen hat. In unserer heutigen schnellebigen Zeit sind Trends bereits Vergangenheit, sobald ein Trendbüro diesen erkannt, in Form gebracht und veröffentlicht hat. Und Marktforschungsergebnisse sind mittlerweile schwierig zu handhaben, weil es keine klaren Märkte und feste Zielgruppen mehr gibt. Alles verschwimmt, alles ist in permanenter Bewegung. Viele Markenartikler haben hier echte Probleme bekommen, da das klassische Zielgruppenmarketing so leicht nicht mehr funktioniert.
Wie steht es nun mit Ihren Revolutionen? Kommen Sie aus der Automobilbranche, wo die Entwicklung eines neuen Automobils (im günstigsten Falle) dreieinhalb Jahre dauert? Warum sollte so etwas nicht in zwölf Monaten zu schaffen sein?
Kommen Sie aus der Computerbranche? Wie wäre es, wenn Sie bis zum Jahr 2000 einen gebrauchsfertigen Computer auf den Markt bringen, der einem die Hausarbeit abnimmt? Sie sagen, das sei unmöglich? Dann flugs zurück in das dritte Kapitel und noch einmal genau gelesen. Viele Sachen, die heute ganz normal sind, waren noch vor einigen Jahren unmöglich. Vor nur wenigen Jahren gab es::

- keine Vitamintabletten,
- keine Kühlschränke,
- keine Radios,
- keine Fernsehgeräte,
- keine Walkmans,
- keine CD-Player,

- keine Kassetten- und Videorecorder,
- keine Tonfilme,
- keine Produkte aus Plastik,
- keine Kunstfasern,
- keine Neonröhren,
- keine Verkehrsampeln
- und keine Anlage- und Vermögensberater.

Heute leben einige Menschen bereits seit vielen Jahren mit einem künstlichen Herzen – doch erst 1967 glückte Prof. Christiaan Barnard in Südafrika die erste Herztransplantation. Heute wird eine Lungenentzündung durch den Einsatz von Penicillin geheilt – doch erst ab 1943 konnte dank Alexander Fleming dieses in ausreichenden Mengen hergestellt werden (nach fünfzehn Jahren Forschung).
Heute sterben in der westlichen Welt fast keine Kinder mehr an Diphtherie und Tetanus – doch erst 1890 entdeckte Emil von Behring ein Serum, das gegen diese Infektionskrankheiten eingesetzt werden konnte.
Was hat dies alles mit mir zu tun, werden Sie sich fragen. Ganz einfach: Wenn all diese Dinge noch vor Jahren unbekannt waren und es einzelne Menschen durch ihren Mut, ihren Einsatz und ihren Glauben schafften, sie ›ans Licht zu bringen‹, dann frage ich mich, welche Revolution – falls Sie denn überhaupt eine beabsichtigen sollten – Ihnen nicht gelingen sollte, welche denn wirklich ›unmöglich‹ ist?
Begehen Sie nur nicht den Fehler, Ihren gesamten Betrieb zu revolutionieren. Es sollten vielmehr zunächst Ihre Mitarbeiter dieses Buch lesen, sich anschließend zusammensetzen und dann gemeinsam eine echte ›Revolution‹ für den Betrieb ausarbeiten. Sie werden überrascht sein, um wieviel stärker eine solche Revolution ausfallen kann, wenn Sie den Geist und die Fähigkeiten Ihrer Mitarbeiter hier mit einbeziehen. Doch die Initialzündung für eine solche Revolution sind Sie – Sie müssen die positive Kettenreaktion in Gang setzen. Und zwar nicht nur einmal, sondern immer wieder in den verschiedensten Bereichen. Sind Sie bereit dazu, glauben Sie daran? Wenn nicht: Wie viele Beispiele und

wieviel Ansporn benötigen Sie noch, um Ihre ausgetretenen Pfade zu verlassen?

Um ungewöhnliche Resultate zu erzielen, müssen Sie ungewöhnliche Methoden anwenden!

Natürlich könnten Sie mir zahlreiche Beispiele entgegenhalten, in dem eine Revolution oder die Erfindung eines neuen Produkts nicht zum Erfolg führte. Nehmen wir zum Beispiel die CD, den Videobereich oder das Faxgerät. Allesamt wurden sie von japanischen Firmen erfolgreich vermarktet – aber keines der Geräte von Japanern erfunden. Wenn Sie also zur Zeit kein neues Produkt haben, wenn Sie momentan keine Vision einer echten ›Produktrevolution‹ besitzen, dann revolutionieren Sie halt Ihren Kostenapparat, oder revolutionieren Sie Ihren Vertriebsweg – ganz egal was, aber revolutionieren Sie überhaupt etwas!

Und wenn Sie auch nur den kleinsten Funken der Idee eines neuen, wirklich ungewöhnlichen Produkts haben, dann setzen Sie alles daran, dieses zu entwickeln – und zu vermarkten!

Wie hieß der erste Mensch, der in einem Flugzeug den Atlantik überquerte? Ist doch klar: Charles Lindbergh! Wie hieß der zweite Mensch, der über, den Ozean flog? Nicht ganz so einfach. Denn der zweite Mensch, der im Alleinflug von den USA nach Europa flog, hieß Bert Hinkler. Bert war ein besserer Pilot als Charly. Er flog schneller. Er verbrauchte weniger Sprit. Aber wer kennt schon Bert Hinkler? Das erste Gebot im Marketing lautet deshalb: Seien Sie erster (damit es Ihnen nicht wie Bert Hinklergeht)!*

Und wie sieht es aus, wenn Sie kein Unternehmen besitzen? Nun, dann starten Sie eine Revolution in Ihrem eigenen Leben. Finden Sie eine Idee, und packen Sie sie an. Setzen Sie sich ein Ziel in dem Unternehmen, in dem Sie arbeiten, und erreichen Sie es.

* Aus: Al Ries und Jack Trout. *Die 22 unumstößlichen Gebote im Marketing*, Düsseldorf 1993.

Haben Sie nur Mut. Chefs brauchen fähige Mitarbeiter, die für sich selbst und ihr Unternehmen Großes erreichen wollen. Glauben Sie an Ihre Möglichkeiten, und beginnen Sie, Ihre Pläne umzusetzen.
Wann? Jetzt! Wie? Das erfahren Sie im nächsten Kapitel . . .

Leitthesen zu Kapitel 4:

1. Als Kolumbus Amerika entdeckte, mußte er zuvor die bekannten Gewässer verlassen haben!
2. Kontinuierliche Verbesserungen in ihrem Unternehmen, in Ihrer Tätigkeit, in ihrem Leben sind die Grundvoraussetzungen für Ihren Erfolg. Um den durchschlagenden Erfolg zu erzielen, müssen Sie jedoch Revolutionen auslösen!
3. Es kommt nicht nur darauf an, eine Innovation zu erfinden, sondern sie auch umzusetzen!
4. Die erfolgreichsten Menschen der Geschichte waren keine Realisten, sondern Spinner, Träumer, Visionäre wie Lindbergh, Edison, Ford, Gates und viele andere!
5. Machen Sie sich Gedanken über echte, bahnbrechende Revolutionen in Ihrem Unternehmen, und setzen Sie diese um!
6. Beziehen Sie Ihre Mitarbeiter von Beginn an in den Revolutionsprozeß mit ein!
7. Um ungewöhnliche Resultate zu erzielen, müssen Sie ungewöhnliche Methoden anwenden!
8. Seien Sie erster, denn nur wer erster ist, bleibt im Gedächtnis haften!

Notizen: ______________________________

____

____

____

____

5. Kapitel
Die Erfolgsstrategie

**Es kommt nicht darauf an,
von welcher Straße du herkommst,
denn die Richtung deines Weges bestimmt,
wo du ankommen wirst!**

Der Erfolgsplan

Aufgabe

⬇

Ziel

⬇

Glaube

⬇

Konzentration

⬇

Plan

⬇

Übung

⬇

= Erfolg

Wir kommen nun zum wahrscheinlich wichtigsten Kapitel dieses Buches (und vielleicht zum wichtigsten Moment Ihres Lebens), nämlich der Erfolgsstrategie. Es gibt natürlich viele solcher Erfolgsstrategien, Hunderte, ja Tausende, und die Frage, die Sie sich sicherlich stellen werden, ist die folgende: Wie kann ich sicher sein, daß die hier beschriebene Erfolgsstrategie auch tatsächlich funktioniert?

Ich weiß nicht, ob dies der einzige Erfolgsplan ist, der funktioniert. Er erhebt keinen Anspruch auf Alleingültigkeit. Wichtig jedoch ist, daß er bereits vielen tausend Menschen dazu verholfen hat, ihr Leben erfolgreicher und glücklicher zu gestalten. Untersucht man die verschiedensten Erfolgsmethoden, so wird man (bei den funktionierenden) feststellen: Es gibt einige grundlegende Prinzipien, die stimmen bei allen überein.
Des weiteren braucht man sich einfach nur das Leben vieler erfolgreicher Menschen anzusehen und ihre Methoden zu untersuchen, um auch hier festzustellen, daß es größtenteils Übereinstimmungen gibt. Genau dies habe ich in den letzten Jahren getan und dabei festgestellt, daß es immer funktionierte – vorausgesetzt allerdings, die Strategie wird auch wirklich konsequent und mit voller Begeisterung angewandt und umgesetzt. Das Erfolgssystem funktioniert nicht nur bei anderen, sondern auch bei mir selbst: Mit zwanzig Jahren gründete ich mein erstes Unternehmen mit 8 500 Mark Kapital, und bis heute sind es insgesamt sechs geworden. (Beachten Sie in diesem Zusammenhang unbedingt Kapitel 5.4 = Konzentration. Ich habe mich immer auf einen Betrieb konzentriert.) Im Alter von 28 Jahren wurde ich Unternehmer des Jahres, mit dreißig erschien mein Erfolgsbuch *Sicher zum Spitzenerfolg*. Heute stehe ich nicht nur an der Spitze der Holding der INLINE Unternehmensberatung, sondern führende Unternehmen zahlen mir fünfstellige Tagesgagen, damit ich die Motivation und Einstellung ihrer Mitarbeiter verbessere und steigere. Ich habe all dies erreicht ohne akademische Ausbildung, ohne Kapital, ohne Beziehungen, ohne Eltern, die mir hätten helfen können. Erreicht habe ich es, weil ich die Erfolgsstrategie konsequent eingesetzt habe.
Mittlerweile leben Tausende von Menschen nach dieser Strategie und sind damit überdurchschnittlich erfolgreich.
Wann starten Sie?
Der Amerikaner Napoleon Hill erhielt einmal von dem legendären amerikanischen Stahlmagnaten Andrew Carnegie den Auftrag, die fünfhundert reichsten Männer der USA zu interviewen. Aus dem gesammelten Material entwickelte Hill eine grundlegende Methode, die angeblich auch Durchschnittsmen-

schen sicher zum Erfolg führt. Hill stellte dreizehn Schritte auf, die er als ›Regeln zum Reichtum‹ bezeichnete. Untersucht man diese dreizehn Regeln, so findet sich an erster Stelle das Ziel, an zweiter Stelle der Glaube, an der dritten Stelle die Autosuggestion, an der sechsten Stelle die Planung, an der siebten Stelle der Entschluß (überhaupt erfolgreich zu sein), an der achten Stelle die Ausdauer und an der elften Stelle das Unterbewußtsein.

Diese Stufen finden sich auch in diesem Buch wieder, jedoch ergänzt durch einige weitere, entscheidende Methoden und in etwas anderer Reihenfolge. Allerdings können Sie diese Erfolgsstrategie nicht umsetzen, indem Sie dieses Kapitel einmal lesen und das Buch dann ins Regal stellen, sondern Sie müssen dieses Kapitel ›durcharbeiten‹, es verstehen, den Inhalt anwenden und immer wieder einmal durch Wiederholung verinnerlichen. Die Strategie funktioniert, ob Sie sie nun im Beruf, im Hobby oder im Privatleben einsetzen.

5.1 Die Aufgabe

> **»Man sieht nur mit dem Herzen gut.**
> **Das Wesentliche bleibt für das Auge unsichtbar!«**
> *Antoine de Saint-Exupéry, Der kleine Prinz*

Bevor Sie Ihre Strategie in die Tat umsetzen, müssen Sie sich unbedingt darüber Gedanken machen, was eigentlich Sinn und Zweck dieser Strategie sein soll. Wobei unter Sinn und Zweck zwei verschiedene Bedeutungen zu verstehen sind.

Nehmen wir einmal an, Sie sind Manager in einer Tabakfabrik. Dann könnte Ihr Ziel etwa darin bestehen, in fünf Jahren die Geschäftsführung zu übernehmen und in zehn Jahren eine neue Fabrik zu bauen, die modernste, profitabelste Zigarettenfabrik der Welt. Der Zweck in diesem Fall ist klar: Sie wollen all Ihr Wissen, Ihr Können einsetzen, um Ihre Firma vielleicht zur Nummer 1 in Ihrer Branche zu machen. Doch was ist denn der Sinn dieses Zieles, dieser Strategie? Welchen Sinn hat es, mehr Ziga-

retten billiger zu produzieren und zu verkaufen? Vielleicht hat es ja den Sinn, Arbeitsplätze zu schaffen. Akzeptiert. Doch gleichzeitig sind nun einmal die schädlichen Wirkungen des Tabakkonsums bewiesen – und damit stellt sich die ethische und moralische Frage nach dem Sinn eines solchen Zieles.
Oder nehmen wir an, Sie sind Wissenschaftler, und Ihr Ziel ist es, ein neues Magenmittel auf den Markt zu bringen, das Völle- und Druckgefühle innerhalb von wenigen Minuten nach Einnahme behebt. Der Zweck ist klar. Doch auch hier sei erlaubt, nach dem Sinn zu fragen. Was ist der Sinn eines solchen Produkts? Daß die Menschen – vielleicht verführt durch eine sehr gut konzipierte Marketingkampagne – ohne großes Nachdenken nach jedem größeren Essen zur Magentablette greifen?
Sie können natürlich auch Ihren Erfolgsplan einsetzen, um damit materielle Ziele zu erreichen. Das würde unter Umständen sogar funktionieren, doch was wäre der Sinn davon? Verstehen Sie mich bitte nicht falsch: Ich habe nichts gegen Geld und materiellen Erfolg. Ganz im Gegenteil: Der materielle Erfolg ist letztendlich Ausdruck für den Geist, das Denken, das dahintersteht: *Materie [= Geld] folgt dem Geist.* Auch läßt sich die Materie oft sehr gut einsetzen, um die Ziele schneller und leichter zu erreichen. Doch Geld allein als Selbstzweck, als Erfüllung dieser Erfolgsstrategie macht doch keinen Sinn, oder? Wenn doch, dann müßten Sie normalerweise mit Waffen oder Rauschgift handeln ...
Von Hans Pestalozzi, der den Schweizer Migros-Konzern mit aufbaute, hörte ich zu diesem Thema einmal folgende Aussage:

Du kannst ein Haus kaufen – aber keine Behaglichkeit!
Du kannst ein Auto kaufen – aber keine Freiheit!
Du kannst ein Bett kaufen – aber keinen Schlaf!
Du kannst eine Frau / einen Mann kaufen – aber keine Liebe!

Deshalb überprüfen Sie Ihre Ziele, Ihre Erfolgsstrategie zunächst einmal sorgfältig. Wollen Sie die Strategie einzig und allein deshalb anwenden, um möglichst viel Materie zu gewinnen und anzuhäufen? Oder sollten Sie sich am Ende dieser Überlegung nicht besser die Frage stellen: Welchen Nutzen erhält die Welt durch die Verfolgung meiner Erfolgsstrategie?

Erfolg ist abhängig von der Menge des Nutzens, den Sie anderen Menschen geben!

Bevor Sie nun weiterlesen, stellen Sie sich bitte nachfolgende Frage. (Bitte lesen Sie im Text erst weiter, wenn Sie die Aufgabe beantwortet haben.)

Aufgabe: Wann haben Sie den Entschluß gefaßt, wirklich erfolgreich zu sein? Am ______________________________

____

Bei allen Erfolgssystemen, -methoden und -strategien, die es gibt, fällt immer wieder auf, daß ein wesentlicher Faktor der *Entschluß* ist. Wenn Sie einen tollen Anzug tragen, haben Sie zuvor den Entschluß gefaßt: »Ich kaufe mir einen Anzug.« Wenn Sie mit Ihrer Frau in einem ausgesucht guten Restaurant gegessen haben, haben Sie zuvor den Entschluß gefaßt: »Ich gehe mit meiner Frau stilvoll zum Essen.« Bei den kleinen Dingen des Lebens faßt der Mensch schnell und ohne großes Zögern seine Entschlüsse. Doch wenn es darum geht, einmal über sein gesamtes Leben nachzudenken, einen Entschluß zu fassen, der mit der Frage verbunden ist: »Was will ich wirklich in meinem Leben erreichen?«, dann werden viele plötzlich wankelmütig und unentschlossen. Doch den richtigen Erfolg können Sie nur dann ernten, wenn Sie zuvor den Entschluß gefaßt haben, das Samenkorn des Erfolgs auch tatsächlich auszusäen.
Haben Sie den genauen Termin? Wenn nein, wie wäre es, wenn Sie jetzt, in diesem Augenblick, den Entschluß fassen würden?
Wenn ja, dann schreiben Sie bitte das heutige Datum in die obige Aufgabe.

Nun steht es fest, nun haben Sie das Samenkorn des Erfolgs in Ihr Unterbewußtsein gepflanzt. Doch ohne Pflege, ohne Nährstoffe wird dieses Samenkorn wieder eingehen und nicht wachsen und sich zu voller Blüte entwickeln. Deshalb stellen Sie sich die Frage: »Auf welchem Gebiet möchte ich erfolgreich sein?« Und hier nun kommen wir zu einer sehr schwierigen Frage. Diese Frage beantworten wir nämlich oft aus der Überlegung heraus: »Was sind meine Stärken, was sind meine Schwächen?«
Aufgabe: Was sind meine Stärken und Schwächen?

Meine Stärken	Meine Schwächen

Wir glauben, daß wir nur mit etwas erfolgreich sein können, in dem auch unsere Stärke liegt. Doch was sind Ihre Stärken und Ihre Schwächen? Wie kommen Sie auf die Idee, daß genau dies Ihre Stärken und Schwächen sind?
Die Antwort ist einfach: Durch andere Menschen! Diese geben Ihnen ein Feedback darüber, was Sie gut und was Sie weniger gut machen. Doch dieses Feedback wird natürlich subjektiv aus dem Empfinden dieser Menschen heraus getroffen. Ich kann mich gut an einen Lehrer erinnern, der einmal die Aussage über mich traf, ich sei viel zu lebhaft, zu neugierig und würde zuviel reden. Daraufhin wurde ich zurechtgewiesen, und dies wurde mir als Schwäche ausgelegt. Einige Jahre später waren es genau diese ›Schwächen‹, die mir meinen Erfolg ermöglichten. Hier drängt sich die Frage auf: Wie viele ›eingeredete‹ Schwächen haben Sie?
Führen Sie deshalb die folgende Aufgabe durch, bevor Sie weiterlesen.

Aufgabe: Bitte erstellen Sie eine Liste, auf der Sie zum einen aufführen, welche Dinge, welche Aufgaben Sie gerne machen, und eine zweite Aufstellung, welche Aufgaben Sie nicht gerne erledigen. Überlegen Sie dabei nicht lange.

Diese Aufgaben erledige ich gerne	Diese Aufgaben erledige ich nicht gerne

Diese Aufgaben erledige ich gerne	Diese Aufgaben erledige ich nicht gerne

Nun haben Sie etwas sehr Wichtiges getan: Sie haben ›aus dem Bauch heraus‹ entschieden. Denn viele Menschen arbeiten in einem Beruf, erledigen Aufgaben, die sie – nach der Aussage der Vorgesetzten – zwar gut erledigen, die ihnen aber keine rechte Freude bringen. Doch der Nährstoff, durch den ihre Ziele himmelwärts wachsen, *ist die Begeisterung.* Wie wollen Sie Ihre Ziele erreichen, wenn Sie ohne Begeisterung, ohne Liebe dafür arbeiten? Konzentrieren Sie sich also in Zukunft auf Ihre Stärken, auf das, was Sie gerne, mit Liebe und Begeisterung tun, und verlassen Sie die Bereiche und Aufgaben, in denen Sie Ihre eigentlichen Schwächen haben, also die Aufgaben, denen Sie ablehnend gegenüberstehen. Konzentrieren Sie sich auf Ihre Stärken – und delegieren Sie Ihre Schwächen an andere.
Gerade bei Unternehmern und Führungskräften fällt mir immer wieder auf, daß viele sich um alles kümmern, glauben, in allem perfekt sein zu müssen. Gerade bei Unternehmern und Führungskräften bemerke ich immer wieder, daß sie alles beherrschen wollen – nur ihr eigentliche-, Talent, ihre Begabung, durch die sie diese Position erhalten haben, durch die sie dieses Unternehmen aufgebaut haben, vernachlässigen sie! Eine der Hauptaufgaben bei der Beratungstätigkeit von INLINE ist deshalb herauszufinden, was jeder Mitarbeiter gerne tut. Wo liegen seine wahren Stärken, wo liegt seine Begeisterung versteckt? Die Kunst eines Unternehmers ist es ja, jeden Mitarbeiter in der Position einzusetzen, in der er mit der größten Begeisterung bei der Sache ist, Ein Mitarbeiter, der es liebt, mit Kunden in Kontakt zu treten, der kommunikativ und extrovertiert auftritt, wird vielleicht einen Posten in der Verwaltung annehmen, weil ihm Vorgesetzter und Chef suggeriert haben, er sei in diesem Bereich sehr gut. Möglicherweise ist er auch sehr gut – doch welche phantastischen Leistungen hätte dieser Mitarbeiter erbracht, wenn er eine Position erhalten hätte, in der er mit den Kunden in Kontakt tritt?!
Nun, Sie haben wichtige Vorarbeit geleistet: Sie haben den Entschluß gefaßt, erfolgreich zu sein! Sie haben sich darüber Gedanken gemacht, welche Bereiche sie interessieren, welchen Aufga-

ben Sie sich gerne stellen, wo Ihre Begeisterungsfähigkeit liegt. Und nun zur letzten Frage:

Aufgabe: Welche Aufgabe erfüllen Sie? Welchen Nutzen wollen Sie der Welt und den anderen Menschen geben? Auf welchem Gebiet wollen Sie diesen Nutzen geben?

____

____

____

____

____

Menschen vollbringen die unglaublichsten Leistungen, wenn sie an einer Aufgabe arbeiten. Nehmen Sie beispielsweise Thomas Alva Edison. Edison wurde 1847 geboren, war zuerst Zeitungsjunge, dann Telegraphist. Schließlich errichtete er 1876 in Menlo Park bei New York ein Laboratorium, in dem er Tausende Erfindungen mit seinem Team vollbrachte.
Unter anderem erfand er den Börsenticker, den Mehrfachtelegraphen, das Mikrophon, das Grammophon (Schallplatte) und die Glühlampe. Gerade jedoch die Glühlampe ist ein Paradebeispiel dafür, welche Leistungen ein Mensch vollbringen kann, wenn er an einer Aufgabe arbeitet. Edison hatte die Vision einer beleuchteten Stadt bei Nacht mit Hilfe der Elektrizität. Er begann zu forschen und kam schließlich auf die ›Glühlampe‹, die er mit Gas füllte. Doch das Problem war, herauszufinden, welches die richtige Gasmischung war. Er experimentierte Tag und Nacht; Tausende Versuche wurden unternommen. Schließlich waren alle Mittel aufgezehrt, und seine Mitarbeiter sagten zu ihm, sie sähen nun keine Möglichkeiten mehr, um doch noch die richtige Mischung zu entdecken. Doch in der folgenden Nacht gelang schließlich der Durchbruch – und heute machen wir uns keine Gedanken mehr darüber, wenn wir nachts durch die beleuchteten Geschäftsstraßen spazieren, welche Leistung Edison und seine Mitarbeiter vollbracht haben.

Wieviel positives Denken, wieviel Glaube muß dieser Mensch besessen haben, daß er – trotz vieler Mißerfolge – immer wieder bereit war, stets weiterzusuchen und schließlich zum Erfolg zu gelangen?
Oder sehen wir uns Dr. Robert Koch an. Koch ging ein in die Geschichte als Begründer der Bakteriologie. Er klärte unter anderem die Entstehung des Milzbrandes und wirkte entscheidend bei zur Heilkunde über Desinfektion, Wundinfektion, Amöbenruhr, Malaria, Lepra, Pest und die Schlafkrankheit. Unsterblich wurde er allerdings durch die Entdeckung des Tuberkelbazillus. 1905 erhielt er den Nobelpreis für Medizin. Können Sie sich eigentlich vorstellen, welche Kraft, welche positive Energie in diesem Mann stecken mußte, um jahrelang diese Forschungen durchzuführen und mit Erfolg abzuschließen? Wie viele Mißerfolge mußte er einstecken, ehe er den Tuberkelbazillus entdeckt hatte? Wie oft war er verzweifelt und wie viele Stunden und Nächte hat er für die Umsetzung seiner Ideen durchgearbeitet?
An welcher Aufgabe arbeiten Sie? Welchen Nutzen geben Sie der Welt, den Menschen? Denn nur durch eine Aufgabe erhalten Sie die unglaubliche Kraft, die Ihnen hilft, die unvermeidlichen Rückschläge, die Tiefschläge, die Mißerfolge auf Ihrem Weg zu akzeptieren, wegzustecken und immer wieder weiterzugehen. Gewinner (vergleiche hierzu Kapitel 2 des Buches *Sicher zum Spitzenerfolg*) können Sie nur sein, wenn Sie in der Lage sind, Ihren Weg zu gehen – und wenn Sie hinfallen, aufzustehen und Ihren Weg weiterzugehen. Doch woher nehmen Sie die Kraft dafür? Was ist Ihre Inspiration, Ihr Handlungsmotiv?

Notizen: ____________________

Leitthesen zu 5.1:

1. Man sieht nur mit dem Herzen gut. Das Wesentliche bleibt für das Auge unsichtbar!
2. Jede Aufgabe muß einen Sinn haben (und nicht nur einen Zweck erfüllen)!
3. Ohne eine Aufgabe, die hinter einem großen Ziel steht, ist Erfolg (im Sinne von Glück) dauerhaft nicht möglich!
4. Erfolg ist abhängig von der Menge des Nutzens, den wir anderen Menschen geben!
5. Erfolgreich kann nur der sein, der den festen Entschluß gefaßt hat, wirklich erfolgreich zu sein!
6. Erfolgreich können Sie nur dann sein, wenn Sie sich auf Ihre Stärken (das, was Sie gerne tun) konzentrieren!

5.2 Das Ziel

»Wer nicht weiß, wohin er will,
der muß sich nicht wundern,
wenn er ganz woanders ankommt!«
Mark Twain

»Niemals wird dir ein Wunsch gegeben, ohne daß dir auch die Kraft verliehen wird, ihn zu verwirklichen. Es mag allerdings sein, daß du dich dafür anstrengen mußt.« So steht es geschrieben im Buch *Illusionen* von Richard Bach. Welche Wünsche und Träume haben Sie? Haben Sie überhaupt noch Wünsche und Träume? Oder haben Sie diese im Laufe Ihrer Kindheit abgelegt, weil ›ein Erwachsener Realist ist und nicht mehr träumt‹? Schade, wenn es so ist, denn ein Mensch ohne Ziele ist ein Mensch ohne Aufgabe, ist jemand, der den Sinn seines Lebens noch nicht gefunden hat. Es kommt nicht darauf an, welche Ziele Sie haben (die müssen Sie ganz alleine für sich selbst definieren), sondern es kommt darauf an, überhaupt ein Ziel zu besitzen.

Walt Disney, der Mitbegründer der weltbekannten Disney Company, ist ein solcher Mensch mit Träumen und Visionen gewesen. Disney wuchs in relativ bescheidenen Verhältnissen auf. Bereits als Junge mußte er zum Lebensunterhalt der Familie durch Zeitungaustragen beitragen. Er war arm, hatte keinen Job, er konnte nichts – außer zeichnen. Mit neunzehn kam er als Soldat aus dem Ersten Weltkrieg zurück und mußte feststellen, daß seine Verlobte mittlerweile einen anderen Mann geheiratet hatte. Walt Disney wurde später einmal als Durchschnittsmensch beschrieben und dazu befragt. Er bejahte dies, denn außer seinen Träumen und Visionen war er wirklich nur ein ganz normaler Durchschnittsamerikaner. Mit zwanzig eröffnete er zusammen mit einem Partner sein erstes Zeichenbüro. Im selben Jahr mußte er es wieder schließen. Am 23. Mai 1920 erfolgte die zweite Eröffnung, der jedoch 1923 auch die zweite Pleite folgte. Walt Disney pfiff zeitlebens auf Geld und Sicherheit; diese materiellen Dinge waren ihm völlig unwichtig. Wichtig war ihm nur, seinen Zielen, Träumen und Visionen nachzugehen. Diese Träume gaben ihm die Kraft, die er benötigte, um sie in die Tat umzusetzen. Oft arbeitete er monatelang Tag und Nacht. Nach seiner zweiten Pleite hatte er keine Wohnung mehr, aß nur noch Brot und Bohnen (bei einem Interview antwortete er später einmal: »Das war gar nicht so schlimm, denn ich mag Bohnen«), kündigte seine Wohnung und schlief in seinem Studio. Am 16. Oktober 1923 schließlich erhielt er zusammen mit seinem Bruder Roy Disney einen Vertrag über die Produktion von zwölf Trickfilmen (›Alice im Wunderland‹). Dies wird als der eigentliche Beginn der Disney-Studios angesehen. Die ersten Mickey-Mouse-Filme, die Walt Disney produzierte, wollte allerdings niemand veröffentlichen. Doch Disney ließ sich zeitlebens nie von seinen Visionen abbringen. Und was heute aus diesen Visionen geworden ist, ist allgemein bekannt: ein gigantisches Imperium mit Vergnügungsparks, mit monatlich ca. 400 Millionen verkauften Comic-Büchern, mit Hotels, Filmgesellschaften usw. Einem seiner Angestellten schenkte er schon früh 20 Prozent der Aktien als Gehalt. Der verkaufte sie für 2 500 Dollar – zwanzig Jahre später wären sie Millionen wert gewesen!

Donnerwetter! Was muß dieser Disney doch für ein positiv denkender Mensch gewesen sein. Welcher Optimismus, welche Kraft, welche Begeisterung steckte in diesem Menschen, um eine solche Vision in die Wirklichkeit umzusetzen! Er war arm, hatte keinen Job, konnte nichts, sein Mädchen war ihm davongelaufen, er hatte keine Wohnung, besaß keine besonderen Talente, war zweimal pleite – und schuf ein Imperium! Vergleichen Sie Ihre eigene Situation dagegen. Stehen Sie in manchen Dingen nicht viel besser da als Walt Disney? Was würde also dagegensprechen, daß auch Sie große Ziele erreichen? Dr. Robert Schuller, einer der größten Motivatoren der Welt, sagte einmal, daß es keine Entschuldigung dafür gibt, nicht zu träumen. Zählen Sie nur all Ihre Probleme und Mißerfolge auf – trotzdem können Sie noch träumen! Was also ist es, das Sie zurückhält, sich zu Ihren Wünschen und Träumen zu bekennen? Nehmen Sie sich doch einmal die Zeit, darüber nachzudenken, was Sie *wirklich* wollen. Was ist Ihre Aufgabe, *was ist der Sinn Ihres Lebens?* Die meisten Menschen glauben immer noch an die Lebenslüge, Fleiß sei gleichbedeutend mit Erfolg. Doch viele fleißige Menschen ernten zeitlebens nur Mißerfolg. Lohnt es sich nicht, erst einmal nachzudenken und dann loszulaufen? Günter Radtke sagte einmal, daß der Mensch ein zielstrebiges Wesen ist, aber meistens strebt er zuviel und zielt zuwenig. Trifft dies vielleicht auch auf Sie zu? Die Voraussetzung für Erfolg ist zunächst einmal nicht die Strebsamkeit, nicht der Fleiß (diese Dinge kommen später), sondern diese Voraussetzung hängt eng mit der Frage zusammen: »Was will ich?«
Wernher von Braun wußte bereits im Alter von neun Jahren: »Ich schieße Raketen zum Mond!« Von diesem Ziel ließ er sich nicht abbringen. Ab 1945 arbeitete er in den USA an der Verwirklichung der Weltraumraketen – und schließlich stand der Amerikaner Neil Armstrong 1969 als erster Mensch auf dem Mond.
Sie haben Angst, Sie seien zu weit von Ihrem Ziel entfernt, Sie schaffen es nicht?

»Der Langsamste, der sein Ziel nicht aus den Augen verliert, geht immer noch schneller als der, der ohne Ziel herumirrt.«
Gotthold Ephraim Lessing

Dieses Zitat von Lessing hat noch immer seine Gültigkeit. Nur: Wann werden die Menschen lernen, sich auch danach zu verhalten?
Der Deutsche Heinrich Schliemann hatte bereits im Alter von zehn Jahren den Wunsch: »Ich entdecke Troja.« Er wurde zunächst Kaufmann und erwarb mit den Jahren die Mittel, die es ihm schließlich erlaubten, seine Ausgrabungen zu finanzieren. Schließlich fand und grub er die Reste Trojas aus.
Menschen haben soviel Unglaubliches geschaffen, soviel Unmögliches möglich gemacht – warum sollten Sie das nicht auch können? Aber dazu brauchen Sie etwas Mut, die Bereitschaft, an sich selbst zu glauben. Viele Menschen mit weniger Mitteln, schlechterer Ausbildung, älter oder jünger an Jahren, einem schlechteren Elternhaus, ungünstigeren gesellschaftlichen Bedingungen usw. haben die Chancen ihres Lebens genutzt und wurden erfolgreich. Erfolg ist ein Naturgesetz des Lebens. Viele Menschen werden jedoch durch ihre Umwelt negativ beeinflußt. »Du schaffst das nicht. Du kannst das nicht. Aus dir wird nie etwas.« Vielleicht nicht in dieser krassen Art und Weise, aber mit dem gleichen Inhalt werden viele Menschen erzogen und ›kleingehalten‹. Lösen Sie die Ketten Ihres Lebens, sprengen Sie die Fesseln, und streben Sie den Weg an, für den Sie vorgesehen sind: *den Erfolgsweg!*
Ziele sind wie ein Fixstern am Himmel – sie leuchten Ihnen den Weg. Wer seinen Fixstern gefunden hat, hat immer eine Orientierungshilfe. Es mag vielleicht sein, daß dann und wann eine Wolke Ihren Fixstern verdeckt. Doch seien Sie versichert, daß sich jede Wolke wieder verziehen und der Blick wieder frei sein wird zu Ihrem Stern. Das Leben ist ein endloses Wellental. Immer wieder werden Sie einen Mißerfolg ernten, werden sich Probleme

(Wolken) vor Ihren Fixstern schieben. Doch besitzen Sie einen Fixstern, wird dieser immer wieder leuchten, er wird Sie immer wieder auf den richtigen Weg aufmerksam machen, Ihnen Ihren Weg zeigen.
Vielleicht sind Sie nun bereit dafür, sich einmal Ihrer Wünsche und Träume klarzuwerden. Vielleicht konnte ich Sie dazu motivieren, den Mut zu finden, sich überhaupt damit zu beschäftigen. Bitte führen Sie die nächste Aufgabe deshalb gewissenhaft durch, ehe Sie im Text weiterlesen.

Aufgabe: Stellen Sie sich einmal vor, es käme eine Wunschfee und würde Ihnen mitteilen, Sie könnten eine Wunschliste erstellen, und alle Ziele und Wünsche würden in Erfüllung gehen. Bitte suchen Sie jetzt keine Gründe, die gegen die Erfüllung der Wünsche, Ziele und Träume sprechen würden, sondern seien Sie wieder einmal ein Kind, das eine Wunschliste für die gute Fee aufstellt. Lassen Sie sich dazu Zeit, und denken Sie an die verschiedensten Bereiche Ihres Lebens. Welche Ziele haben Sie beruflich, welche in der Familie, bei den Freunden, bezüglich Ihres Hobbys usw.

Haben Sie die Aufgabe durchgeführt? Falls nein, bitte tun Sie sich den Gefallen (nicht mir), und führen Sie erst diese Aufgabe durch. Dieses Kapitel ist wirklich der zentrale Faktor in diesem Buch, und wenn Sie diese und die folgende Aufgabe nicht wirklich gewissenhaft durchgeführt haben, verschenken Sie einen Großteil Ihres zukünftigen Erfolgs! Wenn ich bei einigen Kapiteln, insbesondere bei den verschiedenen Aufgaben, sehr ›penetrant‹ wirke, dann liegt das nicht daran, daß ich belehrend sein will, sondern daran, daß ich mir natürlich auch bei diesem Buch eine Aufgabe gesetzt habe, nämlich die, das Leben vieler Menschen noch positiver zu beeinflussen.
Was haben Sie aufgeschrieben? Welche Wünsche, Ziele und Träume haben Sie? Zwar kann ich jetzt – leider – keinen Dialog mit Ihnen führen, wie ich dies in meinen Seminaren pflege, aber aus der Erfahrung mit vielen tausend Seminarteilnehmern weiß ich, daß die meisten Menschen bei dieser Frage unter anderem folgende Antworten geben:

- Ich möchte erfolgreicher werden.
- Ich möchte mehr Geld verdienen.
- Mein Betrieb soll mehr Gewinn abwerfen.
- Meine Familie und ich sollen immer gesund bleiben.
- Ich möchte ein Haus besitzen.
- Ich möchte ein großes Auto haben.
- Ich möchte eine teure Uhr besitzen.
- Ich möchte eine Weltreise machen.
- Ich wünsche mir, daß es keine Hungersnöte mehr gibt.
- Ich wünsche mir Frieden auf Erden.
- Ich wünsche meinen Eltern ein langes Leben.

Die Liste ließe sich beliebig fortführen, und vielleicht haben Sie die eine oder andere Antwort so oder ähnlich auch auf Ihrer Wunschliste entdeckt. Denn 90 Prozent der Menschen haben solche oder ähnlich lautende Wünsche, und 90 Prozent der Menschen sind – relativ – erfolglos, unzufrieden mit ihrem Leben und damit unglücklich. Diese Antworten können also nicht die ›Fixsterne‹ sein, von denen ich gesprochen habe. Denn wenn diese

Ziele zum Erfolg verhelfen würden, dann müßten ja 90 Prozent der Menschen überaus erfolgreich, glücklich und zufrieden sein. Bei einer spontanen Umfrage auf der Straße hat ein Fernseh-Interview-Team die Frage gestellt: »Welche Ziele haben Sie im nächsten Jahr?« Darauf antworteten 90 Prozent mit einem Kopfschütteln, mit einem Schulterhochziehen – und wenn sie etwas sagten, dann lautete die Antwort schlicht und einfach: »Keine.« Wenn 90 Prozent der Menschen aber keine Ziele haben oder nur solche, die allgemeiner Art und Weise sind, dann ist es auch kein Wunder, wenn diese 90 Prozent zeitlebens erfolglos bleiben.
Wir kommen zu einem späteren Zeitpunkt dieses Buches zu dem Kapitel ›Das Unterbewußtsein‹. Das Unterbewußtsein, soviel vorweg, ist das alles entscheidende ›Organ‹ des Menschen. *Das Unterbewußtsein führt alle Befehle aus, die wir ihm geben.* Doch welche Befehle geben Sie Ihrem Unterbewußtsein? Wenn Sie ihm einen Befehl geben, zu dem Sie selbst nichts beitragen können (etwa zum ewigen Weltfrieden), dann kann Ihr Unterbewußtsein auch nicht aktiv werden. Wie steht es denn mit dem frommen Wunsch: »Ich möchte erfolgreich werden?« Nun, das Unterbewußtsein (das werden Sie noch im entsprechenden Kapitel genau erfahren) kennt keine Wertung, besitzt keinen Filter. Das Unterbewußtsein kann nur das ausführen, was Sie ihm eingeben (ähnlich einem Computer). Was bedeutet denn für Sie: »Ich möchte erfolgreicher werden«? Stellen Sie diese Frage hundert Personen, und Sie werden wahrscheinlich fünfzig verschiedene Antworten erhalten. Für den einen Menschen bedeutet es, er möchte mit dem Rauchen aufhören, für einen anderen bedeutet es, er möchte eine Stufe höher auf seiner Karriereleiter steigen, für den nächsten bedeutet es, er möchte ein Geschäft eröffnen, der nächste meint damit, er möchte in seiner Tennismannschaft die Nummer 1 sein, usw. Was also genau verstehen Sie unter ›erfolgreich‹?
Wenn Sie also das Ziel haben, Vereinsmeister in Ihrem Tennisclub zu werden, dann formulieren Sie dieses Ziel auch so: »Mein Ziel ist es, innerhalb von drei Jahren Vereinsmeister in meinem Tennisclub zu sein!«
Neben ungenauen Angaben, ungenauen Befehlen für das Unterbewußtsein ist ein weiterer Fehler bei der Zielprogrammierung

der, daß die Ziele oft nicht mit den Stärken, also mit Ihren Talenten und Begabungen übereinstimmen. Der bekannte Sänger José Feliciano, der insgesamt 38 Goldene Schallplatten erhalten hat, ist blind. Er ist jedoch der Meinung, daß jeder Mensch von Gott eine Berufung bekommt. Seine Berufung ist das Singen, weil er damit den Menschen mit seinem Beispiel Mut machen kann. Ich sah José Feliciano einmal in einem Gottesdienst, in dessen Verlauf er folgendes sagte: »Jeder Mensch hat von Gott eine Berufung bekommen. Warum gehen die meisten Menschen ihrer Berufung nicht nach, sondern machen alles mögliche andere – für das sie vielleicht gar nicht das Talent haben?«
Diese Aussage von Joseé Feliciano ist jedoch der zentrale Punkt: Haben Sie ein Ziel, das mit Ihrem Talent, Ihrer Begabung, Ihrer ,Berufung, auch wirklich übereinstimmt?
Ein weiterer ›Kardinalfehler‹ ist der, daß sich viele Menschen materielle Ziele setzen. Doch was haben Sie davon, wenn Sie sich ein materielles Ziel setzen und dieses dann auch erreichen (was natürlich ebenfalls mit diesem Erfolgsplan möglich ist)? Sind Sie unglücklich mit dem, was Sie momentan haben? Glauben Sie, daß Sie glücklicher wären, wenn Sie mehr hätten?

Bist du unglücklich mit dem, was du hast?
Habe mehr, und du wirst genauso unglücklich sein!

Ein Kunde von mir, der seinen Wohnsitz in Monte Carlo hat, erzählte mir von einem Mann, der in Monaco lebt und sehr reich ist. Er hatte eine Kette von Heiratsinstituten in ganz Europa aufgebaut, sich schließlich zurückgezogen und erhält seitdem jeden Monat einen Scheck in Millionenhöhe. Er besitzt dort unter anderem eine wunderschöne Yacht, hat materiell alles erreicht und kann sich alles leisten. Ein glücklicher Mensch? Laut Auskunft meines Kunden ist er mittlerweile Alkoholiker, der regelmäßig Partys veranstaltet, auf denen er jedoch aufgrund seiner Trunkenheit oft ausfällig wird und deshalb eigentlich niemand mehr seine Partys besuchen möchte. Dieser Mann ist sein Leben lang dem vermeintlichen Glück, dem Geld, nachgejagt. Ist er

dadurch ein besserer, glücklicherer Mensch geworden? Ich habe keine Probleme mit der Materie. Nutzen Sie Ihr Geld, und genießen Sie Ihr Leben, denn Freude ist der Sinn des Lebens. Doch alleine glücklich durch Geld, durch Häuser, durch Autos werden Sie nicht! Glück erfahren Sie dann, wenn Sie einer Aufgabe nachgehen, bei der Sie anderen Menschen Nutzen geben – die materiellen Ziele erfüllen sich dabei automatisch mit.
Bitte hüten Sie sich auch vor ganz allgemeinen Zielen und Wünschen. Es zeigt Ihre hohe Moral, Ihre ethische Einstellung, wenn Sie sich das Ende von Hungersnöten oder den Weltfrieden wünschen. Doch es gibt bei Wünschen immer folgende Grundvoraussetzung:

Ein sinnvolles Ziel:	Etwas, das Sie selbst beeinflussen können, zu dem Sie etwas beitragen können!
Ein unsinniges Ziel:	Etwas, zu dem Sie nichts beitragen können oder wollen!

Wenn Sie sich also wünschen, daß es keine Hungersnöte mehr gibt, dann gibt es zwei Möglichkeiten: Entweder Sie kommen ins Handeln und tun etwas zur Erreichung dieses Zieles, wie es uns Mutter Theresa, Albert Schweitzer und viele andere vorgemacht haben, oder Sie suchen sich ein anderes Ziel. Ich möchte nur nicht, daß Sie glauben, ich hätte etwas gegen humanitäre Ziele. Doch wenn Sie ein solches Ziel haben, dann gehen Sie entweder nach Afrika und helfen dort vor Ort, oder Sie setzen alles daran, so viel Geld zu verdienen oder zu sammeln, daß Sie es für Hungernde sinnvoll einsetzen können, Also kommen Sie ins Handeln und reden nicht immer nur darüber. (An dieser Stelle ein persönliches Anliegen: Wenn Sie wirklich etwas tun wollen, dann wenden Sie sich beispielsweise an die Kindernothilfe, Herrn Koithahn, Postfach 28 11 43, 47241 Duisburg, Tel. 02 03/7 78 91 29. Die Kindernothilfe vermittelt Kinderpatenschaften in der Dritten Welt. Für ca. zwei Mark täglich kann ein Kind ernährt, gekleidet, am Leben erhalten werden, erhält eine Schulausbildung – und Sie helfen damit, den Teufelskreislauf der Armut zu durchbrechen. Überlegen Sie es sich: Wie leicht geben Sie am Tag zwei

Mark für unsinnige, überflüssige Dinge aus – für zwei Mark können Sie aber auch einem Kinderleben einen Sinn geben.)

Durch die Unfähigkeit, eigene Probleme zu lösen, flüchten viele Menschen in die Lösung der Weltprobleme!

Je allgemeiner und unverbindlicher ein Mensch seine Ziele formuliert, desto geringer ausgeprägt ist sein Selbstbewußtsein. Als ich wieder einmal ein Treffen meiner Abschlußschulklasse hatte, saß neben mir ein Schulkollege, der mittlerweile im sozialen Bereich tätig ist. Ich bemerkte im Laufe des Treffens eine sonderbare Stimmung zwischen ihm und mir. Schließlich sprach ich ihn darauf an. Er sagte mir, er möchte ganz ehrlich sein und teile mir deshalb mit, daß er Unternehmer nicht besonders schätze. Ich fragte ihn nach dem Warum. Er antwortete mir, daß viele Unternehmer eben nur Profitsteigerung im Kopf hätten, daß sie aus Kostengründen wahllos Mitarbeiter entlassen würden, daß es ihnen eben nur um das Geld und weniger um die Menschen gehe. Ich fragte ihn, was er denn bislang für die Menschen getan habe. Daraufhin antwortete er, daß er ja jetzt erst seine Ausbildung beendet habe und es jetzt erst richtig losgehe. In einigen Wochen würde er aber in einem Krankenhaus als Krankenpfleger beginnen. Ich gratulierte ihm und bemerkte, daß ich dies ganz toll finde, doch im Klartext bedeute dies doch, daß er bis zum heutigen Tag eigentlich noch nichts Besonderes für die Menschen getan habe. Dies mußte er natürlich bejahen. Daraufhin erzählte ich ihm einmal, wie viele Unternehmen ich mit INLINE bereits beraten habe, wie viele Konkurse wir abgewendet haben, wie viele Arbeitsplätze durch unsere Hilfe gerettet wurden, wie viele Arbeitsplätze neu geschaffen wurden, wie vielen Menschen wir durch unsere ›Denke‹ und unsere Einstellung neuen Mut, neue Ziele geben usw. Dann fragte ich: Wenn wir nun zum heutigen Tag eine Bilanz ziehen und seine für die Menschheit erbrachten Leistungen den meinen gegenüberstellen würden, wer sei denn da derjenige, der bisher eher auf Kosten der anderen als zu deren Nutzen gelebt habe? Daraufhin war er beschämt, und wir konn-

ten nun auf dieser Grundlage ganz gut miteinander diskutieren. Ich verdeutlichte ihm, daß viele Unternehmer sehr wohl an die ihnen anvertrauten Menschen denken und sich ihrer Verantwortung bewußt sind.
Sie sehen, es ist oft sehr einfach, über andere Menschen schlecht zu denken und sich selbst auf eine Art ›Podest‹ zu stellen. Doch was genau tun solche Artgenossen gegen das Elend, die Probleme dieser Welt?

Wenn jeder Mensch auf Erden nur einen weiteren Menschen glücklich machen würde, würde es keine Kriege, keine Hungersnöte, keine Not mehr geben.

Daß jeder einen anderen glücklich macht, das gelingt uns nicht, aber dafür wollen wir die ganze Welt retten.
Sehr gerne werden auch allgemeine Wünsche formuliert wie: »Ich möchte immer gesund bleiben.« Diese Menschen verstehen nicht, daß es nicht darum geht, ein glückliches, problemloses und sorgenfreies Leben auf dieser Erde zu führen. Der Mensch ist nicht auf dieser Welt, um ununterbrochen sorgenfrei zu leben. Denn es gilt hier auf Erden das Gesetz der Polarität, das heißt das Gesetz der Gegensätze. Es gibt Tag und Nacht, Sommer und Winter, Hitze und Kälte. Und es gibt Gut und Böse, Gesundheit und Krankheit, Reichtum und Armut, Erfolg und Mißerfolg, gelöste Probleme und ungelöste Probleme. Wenn es diese Gegensätze nicht gäbe, dann hätten wir auch keinen Antrieb, uns Ziele zu setzen. Ohne diese Gegensätze würden wir doch gar nicht erkennen, was das Leben so lebenswert macht.

Ohne Probleme könnten wir unseren Erfolg gar nicht genießen!

Akzeptieren wir deshalb doch einfach das Gesetz des Lebens, daß auf Erfolg ein Mißerfolg, auf eine sorgenfreie Zeit ein Problem folgen wird.

Wie steht es mit Ihrer Wunschliste? Hatten Sie wirklich den Mut, Ihre großen Ziele, Wünsche und Träume aufzuschreiben? Kam nicht sofort wieder das Unterbewußtsein und suggerierte Ihnen ein: »Laß doch diese Albernheiten, das schaffst du ja doch nicht« oder: »Laß das, dafür bist du zu alt« oder: »Was soll dieser Blödsinn überhaupt?« In einer Zeitung habe ich einmal eine Comic Illustration von Chris Browne über Hägar den Schrecklichen gesehen. Auf dieser Illustration sitzt Hägar zusammen mit einem seiner Wikinger auf einem zugefrorenen See. Beide haben ein Loch ins Eis geschlagen und angeln. Hägar sagt zu seinem Wikinger: »Du mußt in größeren Dimensionen denken!« Auf dem Bild ist zu sehen, daß das Loch des Wikingers vielleicht einen Durchmesser von 10 Zentimetern aufweist, während Hägars Loch bestimmt einen halben Meter Durchmesser hat. Die Schlußfrage von Hägar an seinen Wikinger lautet dann: »Wer angelt schon gerne nach kleinen Fischen?« Warum ich Ihnen diesen Cartoon erzähle? Nun, er drückt unser Möglichkeitsdenken aus, das wir praktizieren. Ich weiß nicht, ob Hägar nun wirklich den größeren Fisch an der Angel haben wird, Eines aber weiß ich ganz genau: Sein Wikinger hat durch sein kleines ›Ziel‹ die Möglichkeiten dafür verbaut, überhaupt den großen Fisch an Land ziehen zu können, falls er ihn an der Angel hat. Hägar dagegen hat durch sein großes Denken die Grundvoraussetzung dafür geschaffen, um überhaupt beim Angeln erfolgreich zu sein.
Und so ist es auch mit unserer Erfolgsstrategie: Ich weiß nicht, ob Sie erfolgreich werden. Aber eines weiß ich: Durch ein großes Ziel schaffen Sie dafür die Grundvoraussetzung.

**Ziele sind Magneten:
Sie ziehen den Erfolg an!**

Achten Sie auch darauf, ob die Ziele, die Sie verfolgen, auch wirklich Ihre Ziele sind, also nicht die Ziele, die andere uns suggerieren. Die Tochter muß Tennisunterricht nehmen und ein Tennisstar werden, weil die Mutter dadurch ihre eigenen verpaßten Ziele verwirklichen will. Der Sohn muß stundenlang Klavier

üben, damit er ein großer Pianist wird, weil der Vater dies in seinem Leben selber gerne verwirklicht hätte. Lassen Sie sich auch nicht von anderen Menschen einreden, was Sie unter Erfolg zu verstehen haben. Erfolg im Berufsleben ist etwas sehr Schönes und sehr Wichtiges – doch wenn Sie das Ziel haben, Ihren Partner oder Ihre Familie zu unterstützen und glücklich zu machen, dann ist dies genauso in Ordnung. Wenn Sie das Ziel haben, sich selbständig zu machen oder Ihre Firma erfolgreicher zu gestalten, so ist dies ein ehrenwertes, für die Menschen nutzenbringendes Ziel – aber wenn Sie das Ziel haben, ein Kind auf die Welt zu bringen und es zu lieben und zu unterstützen, ist dies genauso okay.
In Deutschland herrscht ja immer häufiger die Meinung vor, eine Frau, die ihr Ziel in der Familie sehe, sei kein vollwertiges Mitglied der Gesellschaft. Eine Frau muß kämpfen, sie muß ihren ›Mann‹ stehen, muß im Geschäftsleben erfolgreich sein – auch wenn die Erreichung dieses Zieles oft auf Kosten des Glücks, auf Kosten der Familie geht. Bitte verstehen Sie mich nicht falsch: Ich möchte nicht alle Frauen wieder zurück in die Rolle der Hausfrau und Mutter drängen. Doch genauso falsch ist es, Frauen, die darin ihre Erfüllung, ihr Ziel sehen, in eine bestimmte ›Schublade‹ zu legen und diese zu schließen. Jeder Mensch ist frei. Er hat deshalb auch die freie Wahl seiner Entscheidung. Ziele, die wir wirklich erreichen wollen, müssen deshalb nicht von außen, sondern von innen, aus dem ›Bauch heraus‹, entstehen.
Bitte achten Sie bei Ihren Zielen auch darauf, ob sie im Einklang mit den Menschen Ihrer Umgebung stehen. Die größten Konflikte entstehen oft dadurch, daß Menschen unterschiedliche Ziele haben, nie gemeinsam darüber diskutieren und deshalb in verschiedene Richtungen ziehen. Wenn in einem Unternehmen die Geschäftsleitung ein bestimmtes Ziel hat, die Mitarbeiter vielleicht aber ganz andere Ziele vor Augen haben, dann ziehen alle Beteiligten in verschiedene Richtungen – und das Unternehmen bleibt einfach in seiner Entwicklung stehen. Deshalb knüpfen wir bei unserer Unternehmensberatung immer auch an diesem Punkt an und fordern alle Beteiligten im Unternehmen auf, ihre Ziele offenzulegen, damit dann darüber diskutiert und ein

gemeinsames großes Ziel vereinbart werden kann, bei dessen Erreichung sich die Ziele des einzelnen automatisch mit erfüllen.
Genau das gleiche ist in der Familie der Fall. Hat sich zum Beispiel ein Mann ein großes berufliches Ziel gesteckt, darüber jedoch nie mit seiner Frau gesprochen, kann das zu größeren Konflikten, ja sogar zur Trennung führen. Bei der Umsetzung seines Zieles ist der Mann gezwungen, einen Großteil seiner Zeit dafür zu investieren. Die Frau fühlt sich vernachlässigt, an ihr bleiben die Probleme der Familie hängen, sie fühlt sich allein gelassen, überflüssig – schließlich wirkt sich dieser unausgesprochene Konflikt so aus, daß sich das Paar trennt. Sprechen Sie deshalb unbedingt mit Ihrem Partner über Ihre Ziele, legen Sie Ihre Ziele offen, und binden Sie Ihre persönlichen Ziele in ein gemeinsames Ziel ein. Solange Paare ein gemeinsames Ziel haben, zum Beispiel eine eigene Wohnung, ein eigenes Haus, das gemeinsame Unternehmen aufzubauen, so lange hält die Partnerschaft. Sobald jedoch die Ziele jedes einzelnen in eine unterschiedliche Richtung gehen, droht die Partnerschaft zu zerbrechen.

Aufgabe: Sie haben nun die Informationen, die Sie benötigen, um Ziele für sich festzulegen, die sinnvoll sind, die erreichbar sind und die auch tatsächlich zu Ihrem zukünftigen Erfolg beitragen. Nun stellen Sie sich vor, die Wunschfee taucht noch mal auf und teilt Ihnen mit, daß ihr ein Fehler unterlaufen ist, Sie hätten nämlich nur drei Wünsche frei. Bitte legen Sie nun diese drei Ziele fest:

1. ______________________________
2. ______________________________
3. ______________________________

Sie haben nun etwas getan, zu dem wir in Kapitel 5.4 noch kommen werden: Sie haben nämlich sich konzentriert! Sie konzentrieren nun Ihre Energie, all Ihre Kraft auf drei Ziele. Das hat natürlich zur Folge, daß Sie keine Zeit mehr zur Erreichung anderer Ziele haben werden. Machen Sie sich also bewußt, daß Sie nicht alle Wünsche und Ziele Ihrer Liste erfüllen und erreichen werden. Aber dazu sind wir auch nicht auf dieser Welt. Und das schöne ist: Wenn Sie wirklich ein großes Ziel mit einer großen Aufgabe besitzen, das anderen Menschen Nutzen bringt, dann *erfüllen sich viele Ihrer materiellen Wünsche und Ziele automatisch!*

Sie haben nun drei Ziele gefunden, für die es sich lohnt zu leben. Diese Ziele sind der eigentliche Sinn Ihres Lebens. Ist es nicht ein motivierendes, aufbauendes und begeisterndes Gefühl, vielleicht in diesem Augenblick den Sinn des Lebens gefunden zu haben? Falls Sie aber noch keine Ziele gefunden haben und sie festlegen konnten, sei die Frage erlaubt: Wie lange wollen Sie noch warten, bevor Sie Ihr Leben nutzen? Der Mensch hat nur 650 000 Stunden insgesamt zu leben. Davon haben Sie schon einen Großteil ziel- und planlos verbracht, also ohne echten Sinn. Wie lange wollen Sie noch Ihr Leben vergeuden, ehe Sie sich aufraffen können, ein Ziel zu finden? Alles in Ihrem Leben ist ersetzbar, verlorenes Geld können Sie wieder verdienen, ein abgebranntes Haus kann wiederaufgebaut werden, man kann nach einer Trennung einen neuen Partner finden – doch was nicht ersetzbar ist, was auch in diesem Augenblick unwiederbringlich verrinnt – das ist Ihre Zeit! Haben Sie doch den Mut, sich heute zu entscheiden.

Bevor wir dazu kommen, wie ein solches Ziel zum ›Fixstern‹ wird, wie Sie es in Ihr Unterbewußtsein programmieren können, möchte ich jedoch auf mögliche negative Auswirkungen eines Zieles eingehen. Deshalb meine Bitte: Werden Sie nicht zum Erfolgsneurotiker!

Der Erfolgsneurotiker hat nur noch ein Ziel vor Augen, und alles, was ihn – vermeintlich – davon abhält, interessiert ihn nicht. Dies kann im Extremfall dazu führen, daß ein solcher Neurotiker Sport, Partner, Kinder, Freunde, Urlaub, Hobby, all diese Dinge als Störfaktor sieht, sie nach und nach eliminiert und sich nur noch seinem großen Ziel unterordnet. Dies sind dann die typischen ›Workaholics‹. So ein Zustand kommt allerdings nicht plötzlich, sondern kündigt sich langsam, aber sicher an. Auch bei mir selbst habe ich diese Anzeichen dann und wann bemerkt oder auch bei dem einen oder anderen Mitarbeiter. Man erkennt den Neurotiker daran, daß er für nichts mehr Zeit hat. Wenn die Arbeitskollegen zusammensitzen, um nach einem harten Konferenztag in Ruhe ein Glas Bier zu trinken, sich einmal über andere Themen zu unterhalten und Spaß zu haben – dann muß der Erfolgsneurotiker noch schnell aufs Zimmer, Telefonate führen und auf seinem Laptop dringend einen Bericht erstellen. Während andere Menschen regelmäßig etwas für sich und ihren Körper tun, hat der Erfolgsneurotiker keine Zeit für Sport. Jede Minute hält ihn vermeintlich von der Arbeit ab. Der Erfolgsneurotiker ist in der Regel hektisch, er wirkt unruhig, unkonzentriert. Es fehlt die innere Ruhe und Gelassenheit, also genau jene Eigenschaften, die zu einer charismatischen Ausstrahlung verhelfen. Kennen Sie nicht auch den Hektiker, der in jeder Kaffeepause noch schnell ein paar Telefongespräche führen ›muß‹?

Die oberste Maxime des Lebens lautet, Freude und paß zu haben. Das Leben meint es gut mit uns. Wenn aber unsere Ziele, unser Erfolgsstreben dazu führt, daß wir diese Freude, diesen Spaß nicht mehr ausleben können, dann stimmt etwas mit unseren Zielen nicht. Mein Ziel ist es nicht, Ihnen mit diesem Buch zu einem Ziel zu verhelfen, dem Sie ab sofort alles unterzuordnen und das Sie zeitlebens nicht mehr loszulassen haben. Möglicherweise ist es ja der Fall, daß Sie jetzt ein Ziel besitzen, dieses Ziel in Ihr Leben integrieren und umsetzen – und dann doch zu einem späteren Zeitpunkt entdecken, daß das Leben Sie jedoch für etwas ganz anderes vorgesehen hat. Arnold Schwarzenegger etwa war zuerst Bodybuilder, dann Geschäftsmann – und ist heute Schauspieler.

Andererseits möchte ich Sie nicht davon abbringen, sich voll für Ihr Ziel einzusetzen. Haben Sie Ihr Ziel gefunden, dann ist es Ihnen hoffentlich eine ›Berufung‹, dafür Tag und Nacht zu arbeiten. Einem Picsso hätte man nichts Schlimmeres antun können, als ihm im Urlaub seine Pinsel wegzunehmen. Doch trotzdem darf das Ziel nicht auf Kosten des Spaßes und der Lebensfreude gehen. Wie steht es da mit Ihnen? Haben Sie schon Ihre ›Berufung‹ gefunden? Ist es Ihnen ein Bedürfnis, Ihrer Aufgabe nachzugehen, oder sitzen Sie bloß Ihre Zeit im Betrieb ab?

»Je mehr ein Mensch seinen Beruf liebt, desto mehr Geld wird er verdienen!«
Mark Twain

Oft sind die erfolgreichsten Menschen diejenigen, die einfach ihrem ›Bauch‹ folgen und das tun und umsetzen, was ihnen Spaß macht. Zwei junge Männer hatten vor Jahren eine große Leidenschaft – Surfen! Diesem Spaß ordneten sie alles unter; sie jobbten immer einige Monate in Deutschland, um mit dem dann verdienten Geld wieder vor Hawaii ihrer Leidenschaft zu frönen. (Ist Leidenschaft nicht auch eine Art von Berufung?) Ihre Eltern, Angehörigen und Freunde redeten verzweifelt auf die beiden ein, wenn Sie wieder einmal einige Monate jobbten, sie sollten doch endlich das unstete Leben lassen und etwas ›Richtiges‹ zu arbeiten beginnen. Doch die beiden Jungs (Christof und Martin Imdall) taten einfach das, was ihnen Freude bereitete. Während ihrer Auslandsaufenthalte bemerkten Sie dann, daß in der Surferszene ein ganz bestimmter Lebensstil vorherrschte, der seinen Ausdruck auch in der Bekleidung fand. Als sie wieder einmal in Deutschland weilten, begannen sie mit einer kleinen Maschine T-Shirts zu bedrucken. Diese bunten T-Shirts mit ihren Spaß vermittelnden Motiven fanden reißenden Absatz. Aus dem Zweimannbetrieb entwickelte sich ein florierendes Unternehmen. Später waren sie dann wieder die ersten, die das Snowboarden entdeckten. Auch hier vertrieben sie wieder eine eigene, spezielle Kollektion für diese – zunächst noch sehr kleine – Gruppe. Heute ist das Unternehmen derart gewachsen, daß es zu einem Markennamen wurde und weltweit bekannt ist: Chiemsee!

Der Weg ist das Ziel.

Blicken Sie jetzt noch durch? Zuerst überzeuge ich Sie davon, daß es wichtig ist, ein Ziel zu haben, und nun erkläre ich Ihnen, daß der Weg entscheidend ist. Nun, in diesen beiden Aussagen liegt durchaus kein Widerspruch. Um nämlich einen Weg gehen zu können, müssen Sie Ihre Richtung kennen. Doch welche Richtung wollen Sie gehen, wenn Sie kein Ziel haben? Das Ziel ist also ein Leitbild, der ›Fixstern‹ am Himmel. Und dann gehen Sie Ihren Weg. Der Weg mag manchmal direkt sein, er mag Schlangenlinien machen, er mag Umwege gehen – ganz egal, doch entscheidend ist, daß auf diesem Weg Ihr Glück liegt. Glücklich werden Sie nämlich nur dann, wenn Sie jeden Tag, ja vielleicht sogar jede Stunde das Glück spüren. Glück ist vergänglich. Glück ist der Augenblick, der sich, wenn er für Sie eintritt, nicht einmal in Zeit messen läßt. Doch bereits einen Augenblick später ist das Glück bereits Vergangenheit, ist es bereits Geschichte. Deshalb gibt es keine größere Dummheit, als das Erreichen des großen Zieles mit dem Lebensglück gleichzusetzen. Es ist schön, wenn Sie die Ziele, die Sie sich gesetzt haben, auch erreichen. Doch was haben Sie davon? Lohnt es sich für den Sekundenbruchteil des Glücks, in dem Sie Ihr Ziel erreichen, ein Leben lang unglücklich zu sein? Sicherlich nicht. Deshalb ist es wichtig, daß Sie jeden Tag, immer wieder auf-, neue das Glück verspüren. *Der Weg zum Ziel ist das Glück.* Dies vergessen die Erfolgsneurotiker. Sie kennen kein Glück, kennen keine Freude, keinen Spaß am Leben. Sie zerstören im schlimmsten Fall Beziehungen, ja zerstören sich selbst – nur in dein trügerischen Glauben, durch das Erreichen ihres Zieles würden sie ihr Lebensglück finden.

Jeder Mensch braucht ein Ziel, und das Ziel kann gar nicht groß genug sein, das Sie sich setzen. Ein Ziel gibt Ihnen den Weg vor – doch das Glück finden Sie unterwegs! Das Ziel muß immer dem Wohle aller Beteiligten nutzen. Also dem Wohle Ihrer Mitarbeiter, Ihrer Arbeitskollegen, Ihres Partners, Ihrer Kinder, Ihrer Freunde – und Ihnen selbst! Was tun Sie für Ihr eigenes Glück? Haben Sie auch noch die Fähigkeit, sich einmal zurückzulehnen, in Ruhe über sich und Ihr Leben nachzudenken? Ich glaube ja, denn wenn nicht, dann hätten Sie dieses Buch zur Seite gelegt und sich nicht die Muße und die Zeit genommen, es zu studieren.

Es ist kein ›Zu-Fall‹, daß Sie dieses Buch bis hierher gelesen und dafür einen Teil Ihrer Lebenszeit investiert haben.
Vergessen Sie bei all Ihrem Streben und Ihrem Fleiß (und Fleiß ist sehr wohl wichtig, wie wir noch sehen werden) nicht den passiven Teil Ihre-, Lebens. Auch hier gilt wieder das Gesetz der Polarität. Denn neben dem aktiven Teil Ihres Lebens spielt der passive Teil ebenfalls eine große Rolle. Anspannung und Entspannung, Aktivität und Passivität. All das ist notwendig, um wirklich erfolgreich zu sein. Wer nicht abschalten kann, zählt ebenfalls zu den Erfolgsneurotikern.

Die ›Big-Points‹ bringen den Erfolg, nicht der Fleiß!

Ich kenne viele, viele Menschen, die achtzig Stunden pro Woche arbeiten. Sind diese alle erfolgreich? O nein, der weitaus überwiegende Teil ist eben nicht erfolgreich. Deshalb ist Fleiß allein eben keine Garantie für den Erfolg. Viele Unternehmer und Führungskräfte arbeiten den lieben langen Tag, Nie ist es ihnen gelungen, all ihre Arbeit vollständig zu bewältigen. Immer haben sie das Gefühl, es sei etwas unerledigt. Nutzen sie einmal eine freie Minute zur Entspannung und Muße, so meldet sich sofort wieder das schlechte Gewissen, das ihnen einreden will, »sei nicht faul, du könntest alles wieder verlieren, es liegt noch soviel Arbeit auf deinem Schreibtisch, beginne damit«. Doch wenn sie sich die erfolgreichen Menschen ansehen, dann sind diese zwar auch fleißig – denn Fleiß ist ebenfalls ein Grundfaktor des Erfolgs –, doch ausschlaggebend für ihren Erfolg waren die ›Big-Points‹. Dieser Begriff aus dem Tennis kennzeichnet die Bälle, die wirklich wichtig sind, also der entscheidende Ball zum Spielgewinn, der entscheidende Punkt im Tie-Break, der entscheidende Ball zum Matchgewinn. In jedem Tennismatch gibt es eine bestimmte Anzahl dieser ›Big-Points‹ – und viele der führenden Tennisexperten glauben fest daran, daß in der Regel der Spieler gewinnt, der diese ›Big-Points‹ erfolgreich abschließt. An welchen ›Big-Points‹ arbeiten Sie? Oder besteht Ihr Tagesablauf darin, von früh bis spät Papier hin und her zu wälzen und abends mit einem schlechten Gewissen nach Hause zu gehen, um sich dann am nächsten Tag zu wiederholen? (Erinnert Sie das nicht an das typische Hamsterrad?)

An allererster Stelle für den Erfolg steht eine Vision, steht ein großes Ziel. Dies ist die Grundvoraussetzung, der ›Fixstern‹, der uns den Weg zeigt. Doch gleich danach kommen die ›Big-Points‹ des Alltags. Bei Zeitmanagement-Seminaren lernen wir unseren Tagesablauf in A-, B- und C-Aufgaben zu unterteilen. Die C-Aufgaben sind diejenigen, die liegen bleiben können oder sofort weiterdelegiert werden. Die B-Aufgaben sind diejenigen, die wir zwar selbst erledigen müssen (zumindest glauben wir das), aber nicht absolut dringend notwendig sind. Die A-Aufgaben sind die Aufgaben, die wir an diesem Tag unbedingt zu erledigen haben. Zu diesen drei Aufgaben möchte ich die sogenannten ›Big-Points‹ hinzunehmen. Vergessen Sie A, B und C, delegieren Sie diese Aufgaben, lassen Sie sie liegen. Vielleicht handeln Sie sich den einen oder anderen Ärger ein, vielleicht geht etwas schief, vielleicht verlieren Sie etwas Geld – aber richtig erfolgreich werden Sie nun einmal nur, wenn Sie ›Big-Points‹ in die Tat umsetzen.

Doch wann finden Sie vor lauter A-Aufgaben noch die Zeit für die ›Big-Points‹? Oft ist es uns doch lieber, daß unser Arbeitsplatz, daß unser Betrieb reibungslos funktioniert – auch wenn dafür der zukünftige Erfolg aufs Spiel gesetzt wird. *Viele der gut funktionierenden, bestens organisierten Unternehmen sind diejenigen, die auf der Stelle treten und Minus erwirtschaften.* Viele der erfolgreichsten Firmen sind chaotisch, ständig werden Dinge umgeworfen, nichts ist planbar, auf nichts kann man sich verlassen – aber sie setzen die wirklichen ›Big-Points‹, die wirklichen Innovationen in die Tat um.

Ich fasse also noch einmal zusammen: Sie benötigen unbedingt ein Ziel, am besten ein großes Ziel, das anderen Menschen Nutzen bringt. Doch ob Sie nun dieses Ziel erreichen oder nicht, spielt dann keine Rolle! Blicken Sie da noch durch, halten Sie mich jetzt für durchgedreht? Nun ganz einfach: Nehmen wir an,

Sie haben ein großes Ziel. Sie besitzen ein Unternehmen und möchten die Nummer 1 in Deutschland werden. (Oder sind Sie vielleicht mit dem 50. Platz zufrieden?) Ein tolles Ziel, ein großes Ziel. Um dieses Ziel erreichen zu können, werden Sie alle Kräfte, alle Talente und Begabungen aktivieren müssen, die Sie und Ihre Mitarbeiter besitzen. Sie werden sich weiterentwikkeln zum Wohle aller Beteiligten. Ihre Mitarbeiter entwickeln sich, haben ein Ziel, einen Lebenssinn, und Ihren Kunden wird ein außergewöhnlicher Nutzen geboten (logisch, denn ansonsten würden Sie ja nicht weiterwachsen). Und nun machen wir einen Sprung in die Zukunft: Zwanzig Jahre später sind Sie nicht die Nummer 1, sondern ›nur‹ die Nummer 3. Werten Sie dies nun als Mißerfolg, hadern Sie mit Ihrem Schicksal, fühlen Sie sich vom Leben geprellt? Wenn ja, dann wären Sie ein Erfolgsneurotiker. Doch schauen wir uns mal die Realität aus einer anderen Sichtweise an: Über viele Jahre hinweg haben Sie einen tollen Lebenssinn besessen. Sie haben etwas Phantastisches aufgebaut. Ihr Unternehmen hat sich permanent weiterentwickelt. Sie haben von Ihren Kunden viel Lob und Dank geerntet, da Sie einen großartigen Nutzen verkauften. Ihren Mitarbeitern waren Sie stets ein guter Chef, der als Motivator und nicht als Diktator fungierte. Sie waren stets menschlich, großzügig und gerecht. Sie haben alle materiellen Dinge erhalten, die Sie sich früher einmal gewünscht haben – ein großes Haus, ein tolles Auto, eine Yacht. Sie fahren mehrmals pro Jahr in die schönsten Länder der Welt in Urlaub. Sie haben eine tolle Frau, die Ihren Weg begleitet hat, die Sie stets unterstützte, aufbaute und liebte. Spielt es da eine Rolle, ob Sie Ihr Ziel (die Nummer 1 zu werden) auch tatsächlich erreicht haben? Ohne dieses große Ziel wären Sie vielleicht auf der Stufe der 45. Stelle stehengeblieben. Vielleicht hätten Sie nie den Weg zur Spitze angetreten, wären abgefallen. Vielleicht hätten Sie, wenn Sie nicht bereits zu diesem Zeitpunkt ein Ziel gehabt hätten, nie ein Unternehmen gegründet. Es spielt also keine Rolle, ob Sie Ihr Ziel erreichen, aber es spielt eine große Rolle, ob Sie überhaupt ein großes Ziel besitzen.

> **»Es ist nicht schlimm, ein Ziel nicht zu erreichen, viel schlimmer ist es, kein Ziel zu haben!«**
> *Victor Frankl*

Victor Frankl, der Erfinder der Logotherapie, kam während des Zweiten Weltkriegs in ein Konzentrationslager. Seine Verwandten und Angehörigen wurden in solch einem Lager grausam ermordet. Welch positives Denken, welch großes Ziel muß dieser Victor Frankl besessen haben, um dort zu überleben und um nach seiner Befreiung zum Wohle der Menschen so positiv zu wirken!

Die Programmierung Ihres Zieles

Als erstes formulieren Sie auf der nächst folgenden Seite Ihr Hauptziel möglichst genau und trotzdem möglichst knapp. Beschreiben Sie in wenigen Worten das Hauptziel, wählen Sie eines aus Ihren drei Hauptzielen aus. Wenn Sie Ihr Ziel beschreiben, dann achten Sie bitte darauf, daß Sie es in der Gegenwartsform formulieren. Formulieren Sie Ihr Ziel so, als ob Sie es bereits erreicht haben.

+ positive Formulierung!

> **Du mußt schon dasein, bevor du angekommen bist!**

Dieses Zitat aus dem phantastischen Buch *Die Möwe Jonathan* von Richard Bach (ein Buch, das genau dieses Thema der gesteckten Grenzen vorzüglich beschreibt und sehr empfehlenswert ist) drückt genau aus, um was es bei der Zielbesehreibung geht: Formulieren Sie Ihr Ziel in der Gegenwartsform und niemals in der Zukunftsform. Beispiel: Bitte meiden Sie unbedingt Zielformulierungen wie: Mein großes Ziel ist, daß ich Vereinsmeister im Tennisclub *werde*. Statt dessen verwenden Sie bitte folgende Formulierung: Mein großes Ziel ist, daß ich bis zum Jahr 1999 Vereinsmeister in meinem Tennisclub *bin*!

Achten Sie immer darauf, daß die Formulierung in der Gegenwartsform, praktisch als vorweggenommenes Zielfoto formuliert wird. Während meiner Exklusiv-Seminare führe ich auch hierzu einige Tests mit den Teilnehmern durch. So lasse ich einmal folgende Suggestion laut sprechen: »Ich *werde* erfolgreich.« Und einmal die Suggestion: »Ich *bin*, erfolgreich!« Immer wenn die Formulierung ›bin‹ gewählt wird, liegt die Energie bzw. die Kraftleistung des Getesteten um 50 bis 80 Prozent höher. Die Überraschung der Seminarteilnehmer ist meistens riesengroß, haben sich doch viele bisher auf die Suggestion: »Mir wird es immer besser- und bessergehen« verlassen. Die richtige Suggestion müßte lauten: Mir geht es gut, ich bin gut, ich bin erfolgreich, ich bin gesund, ich bin stark, ich bin selbstbewußt usw.

Dies ist deshalb so wichtig, weil die menschliche rechte Gehirnhälfte für die Bilder und die Kreativität zuständig ist. Wenn wir jetzt gleich zur Zielprogrammierung kommen, dann werden Sie feststellen, daß hier mit der Abspeicherung von Bildern im Unterbewußtsein gearbeitet wird. Wie wollen Sie aber eine Suggestion in Bildern ausdrücken, die mit dem Wörtchen ›wird‹ arbeitet? Sie müssen sich für *ein* Bild entscheiden, denn nur ein Bild können Sie in Ihr Unterbewußtsein abspeichern. Deshalb entscheiden Sie sich für das Zielfoto, sehen Sie sich also so, wie Sie an Ihrem Ziel angekommen sind.

Aufgabe: Bitte tragen Sie nun Ihr Hauptziel in der Gegenwartsform nach den bisher erlernten Grundsätzen ein.

Die erste Möglichkeit, Ihr Ziel im Unterbewußtsein zu programmieren, ist die Autosuggestion. Dazu erfahren Sie später mehr im Kapitel 6 (›Unterbewußtsein‹).

Die zweite Möglichkeit ist die Imagination, das heißt, Sie visualisieren sich Ihr Zielfoto vor Ihrem geistigen Auge. Dazu gibt es verschiedene Möglichkeiten. Vorab möchte ich Ihnen jedoch einmal verdeutlichen, wie stark die Macht des Bildes, die Macht der Visualisierung ist. Sie lesen gleich ein Zitat, das Sie bitte einmal lesen, um dann das Buch zur Seite zu legen, und schließlich aus

Mein großes Ziel

dem Gedächtnis heraus zitieren. Bitte lesen Sie aber in Ihrer normalen Geschwindigkeit nur einmal das Ganze durch, und sagen Sie dann aus dem Gedächtnis einmal vor:

»Zweibein sitzt auf Dreibein und ißt Einbein. Da kommt Vierbein zu Zweibein und nimmt Einbein weg. Nun nimmt Zweibein Dreibein und wirft es nach Vierbein.«

Und? Hat es geklappt? Wenn ja: Spitze, Sie gehören zu dem einen Prozent der Bevölkerung, die diese Aufgabe richtig lösen. Nein, es hat nicht ganz geklappt? Nun, für Sie habe ich eine kleine Erklärung:

Zweibein = ein Mensch;
Dreibein = ein Hocker mit drei Beinen, auf dem dieser Mensch sitzt;
Einbein = ›Haxe‹, ein in Bayern recht beliebtes Gericht, das aus dem Hinter- oder Vorderbein eines Schweines oder Kalbes stammt;
Vierbein = ein Hund.

So, und nun lesen Sie die Geschichte noch einmal durch, und Sie werden sie ohne Schwierigkeiten wiederholen können. Nun, hat es funktioniert? Natürlich, denn nun haben beide Gehirnhälften synergetisch gearbeitet. Die linke Hälfte, die für das logische, abstrakte Denken verantwortlich ist, und die rechte Gehirnhälfte, die für das bildhafte, kreative Denken verantwortlich ist. Deshalb ist auch eine Imagination, das heißt eine Vorstellung des Zieles in Form des ›Zielfotos‹, wesentlich effektiver als nur das reine Vorsprechen oder Lesen Ihres Zieles.

Wenn Sie sich Ihr Zielfoto einprägen, dann achten Sie darauf, daß Sie in diesem Foto selbst vorkommen. Sollten Sie also zum Beispiel das Ziel haben, eine Villa mit Swimmingpool zu besitzen, so stellen Sie sich nicht die Villa mit Ihrem Pool vor, sondern sich selbst, wie Sie gerade in Ihren Swimmingpool des wunderschönen Hauses springen und sich wohl fühlen.

Im Zielfoto muß immer die eigene Person vorhanden sein!

Nun ist es natürlich ohne große Wirkung, wenn Sie sich durch das Lesen des Buches haben anregen lassen, sich ein eigenes Ziel vorzustellen, um dann zur Tagesordnung überzugehen. Dieses Samenkorn, das nun in Ihr Unterbewußtsein gepflanzt ist, muß durch tägliche Pflege und durch Verabreichung von Nährstoffen wachsen. Bitte gewöhnen Sie es sich deshalb an, sich jeden Tag – am besten mehrmals – Ihr Zielfoto geistig vor Augen zu halten. Nehmen Sie sich am besten eine Tätigkeit oder einen Vorgang heraus, die bzw. der sich jeden Tag wiederholt – das Duschen, das Zähneputzen, das Rasieren usw. Allerdings sollte es eine Tätigkeit sein, für die Sie keinerlei ›Gedanken‹ mehr aufwenden müssen, sondern die Sie völlig mechanisch vollbringen. Deshalb ist das Duschen besonders gut geeignet. Stellen Sie sich nun ganz bewußt vor, wie Sie Ihr Ziel erreicht haben. Sehen Sie sich selber auf dem Zielfoto? Sind Sie glücklich dabei? Wo ist Ihre Familie? Kommt sie ebenfalls auf diesem Zielfoto vor? Stellen Sie sich dieses Ziel ganz bewußt vor, und sprechen Sie mit Ihrer inneren Stimme dazu Ihr Ziel (also zum Beispiel: »Ich bin fünfzig Jahre alt, habe eine glückliche Familie und besitze ein wunderschönes Haus mit Swimmingpool«).
Eine weitere Möglichkeit zur Imagination bietet sich bei einer der täglichen Mahlzeiten. Ja, bitte lachen Sie nicht, aber auch das Essen ist größtenteils ein mechanischer Vorgang. Es muß ja nicht unbedingt das gemeinsame Frühstück oder das gemeinsame Abendessen in der Familie sein, aber wie wäre es mit dem üblichen und bisher auch völlig lustlos eingenommenen Mittagssnack? Stellen Sie sich dann bei jedem Bissen vor, daß Sie damit Ihr Ziel ›zu sich nehmen‹. Bei jedem Bissen stellen Sie sich vor, Sie nehmen Ihr Ziel auf's neue auf. Immer wieder das gleiche Bild, immer wieder das Zielfoto.
Aber auch zu jeder sonstigen Gelegenheit können Sie sich Ihr Ziel im Unterbewußtsein einprogrammieren. Wie wäre es, wohlig entspannt, in der Badewanne? Wie wäre es beim Autofahren, wie bei einem Spaziergang? Es gibt unzählige Möglichkeiten, zu denen Sie ohne zeitlichen Mehraufwand oder Energieeinsatz an Ihr Zielfoto denken können. Die Frage ist also nicht: Können Sie es?, sondern: Wollen Sie es?

Wenn Sie sich Ihr Ziel bildhaft vor Augen halten, dann sollten Sie soviel wie möglich von Ihren Emotionen mit hineinlegen. Freuen Sie sich über die Erreichung Ihres großes Zieles. Fühlen Sie die Freude und das Glück in sich hochsteigen. Spüren Sie, wie Sie dieses Ziel erregt. Spüren Sie die Begeisterung, die von diesem Ziel ausgeht. Lassen Sie sich inspirieren, und laden Sie sich mit positiver Energie auf. Stellen Sie sich aber Ihr Ziel nicht nur als Bild vor, sondern hören Sie gleichzeitig, was Sie dort sagen, was die anderen Menschen Ihnen sagen, welche Geräusche vorherrschen. Riechen Sie, und stellen Sie sich deutlich vor, welcher Geruch in Ihrem geistigen Bild vorherrscht. Fühlen Sie auch, begreifen Sie, tasten Sie Ihr erreichtes Ziel.

Je intensiver Sie sich mit ihren fünf Sinnesorganen das Ziel geistig vorstellen, desto größer ist die Wirkung auf Ihr Unterbewußtsein, desto leichter und schneller werden Sie Ihr Ziel erreichen.

Wenn Sie sich Ihr Ziel vorstellen, dann vergrößern Sie es wie bei einer Kamera. Werden Ihre positiven Empfindungen dabei stärker? Fühlen Sie sich besser, energiegeladener? Dann versuchen Sie, Ihr Bild heller zu machen. Wie sind nun Ihre Gefühle? Falls Ihre positiven Empfindungen zunehmen, dann arbeiten Sie immer nach dieser Methode. Halten Sie Ihr geistiges Bild vor Auge, setzen Sie möglichst viele Ihrer Sinneswahrnehmungen dabei ein, vergrößern Sie es (als ob Sie das Bild mit einer Kamera heranholen), und lassen Sie es heller werden. Sollte Ihnen jedoch das Hellerwerden des Bildes eher negative Empfindungen bereiten, dann probieren Sie das Ganze einmal, indem Sie das Bild dunkler werden lassen. Sollte Ihnen ein dunkleres Bild Ihres Zieles noch stärkere und bessere Empfindungen bereiten, dann verfahren Sie nach dieser Methode.

Viele der berühmtesten und erfolgreichsten Persönlichkeiten haben die Fähigkeit, sich ein Ziel bildhaft vorzustellen, unbewußt praktiziert. Sie hatten ein solch starkes Bedürfnis, ihr Ziel umzusetzen, daß sie es ständig vor Augen hatten. Einem Walt

Disney mußte niemand erzählen, er solle sich einen Vergnügungspark vorstellen. Sobald er das Ziel hatte, diesen Vergnügungspark zu bauen, dachte er Tag und Nacht an nichts anderes. Wenn Sie dies in Ihrem Leben bisher noch nicht praktiziert haben, dann ist jetzt der beste Zeitpunkt dafür. Da jedoch oft der ›Schlendrian‹, das Phlegma des Menschen solch einen Vorsatz untergräbt, sollten Sie täglich einmal Ihr Zielfoto speichern. Wenn es Ihnen darüber hinaus gelingt, noch bei anderen Gelegenheiten an Ihr Ziel zu denken, sich Ihr Zielfoto vorzustellen, dann um so besser.

Haben Sie den Mut, und beginnen Sie wieder einmal zu träumen. Lassen Sie sich mitreißen von der stetig wachsenden Begeisterung. Zielklare Menschen sind motivierte und begeisterte Menschen. Und Begeisterung ist die Grundvoraussetzung für jede Art von Erfolg – ob es sich nun um Beruf oder Privatleben handelt.

Bei den meisten Menschen, die einmal den Mut gefaßt haben, über ihre Ziele nachzudenken, melden sich sofort die alten Programme aus dem Unterbewußtsein wieder, die suggerieren: »Du schaffst es nicht. Du kannst es nicht. Du bist zu alt, du bist zu jung.« All diese Begründungen sind falsch. Es gibt nichts, absolut nichts, was Sie daran hindern könnte, morgen erfolgreicher und glücklicher als heute zu sein – außer Sie selbst!

Sie glauben, Sie seien zu jung, um erfolgreich zu sein? Walt Disney hat das Gegenteil bewiesen. Er hat mit zwanzig Jahren sein erstes Zeichenbüro eröffnet, landete zweimal eine ›Bauchlandung‹ – was ihn nicht daran hinderte, immer wieder aufzustehen und schließlich in die Geschichte einzugehen.

Sie sind zu arm und haben keine Mittel? Das hinderte Dr. Robert Schuller nicht daran, eine Kirchengemeinde zu gründen und schließlich – ohne einen Dollar zu besitzen – die Crystal Cathedral zu bauen, die heute über hundert Millionen Dollar wert ist.

Sie haben nicht die richtige Ausbildung, um Ihr Ziel zu erreichen? Dies hinderte Heinrich Schliemann nicht daran, zuerst als Kaufmann die finanziellen Mittel zu verdienen, die ihm dann die Finanzierung seiner Ausgrabungen ermöglichten.

Sie haben ein Ziel und die richtige Ausbildung fehlt Ihnen? Wer hindert Sie daran, heute mit Ihrer Ausbildung zu beginnen, sich heute die Informationen zu beschaffen, die Sie benötigen? Es gibt unzählige Beispiele von Menschen, die auf dem zweiten Bildungsweg Abitur und Studium nachholten. Es gibt Beispiele von Menschen, die erfolgreich wurden ohne jeglichen Schulabschluß – sind Sie etwa ein ganz besonderer ›Mensch‹, daß es deshalb bei Ihnen nicht möglich sein soll?

Sie stammen aus zu einfachen Verhältnissen? Arnold Schwarzenegger hat dies nicht daran gehindert, erfolgreichster Bodybuilder aller Zeiten, ein erfolgreicher Geschäftsmann und ein erfolgreicher Schauspieler zu werden. Was sind für Sie einfache Verhältnisse? Haben Ihre Eltern Sie nicht zur Welt gebracht, Sie nicht großgezogen und ernährt? Sie leben heute, und damit haben Sie die Grundvoraussetzung für Ihren zukünftigen Erfolg – ganz egal, wie einfach Ihre Verhältnisse, aus denen Sie kommen, auch sein mögen (ich stamme selber aus einfachen Verhältnissen und bin stolz darauf).

Sie haben eine körperliche Beeinträchtigung? José Feliciano hinderte seine Blindheit nicht daran, sich 38 Goldene Schallplatten zu erspielen. Der blinde Popmusiker Stevie Wonder zählt zu den bekanntesten seiner Branche. In einer amerikanischen Fernsehsendung sah ich einen behinderten Mann aus Peru, der keine Arme besaß (von ein paar winzigen Stummeln abgesehen). Er hatte jedoch gelernt, mit den Füßen Gitarre zu spielen. Als er interviewt wurde, richtete er einen Appell an die amerikanische Bevölkerung, denn er wollte mit seiner Tournee durch die USA dazu ermuntern, optimistisch zu sein und das Leben als schön anzusehen. Er sei optimistisch, es gehe ihm gut, und er möchte diese Lebensfreude auch an andere weitergeben. Welche Kraft, welches positive Denken muß dieser junge Mann wohl besitzen, um an die amerikanische Bevölkerung einen Aufruf zum Spaß, zur Freude am Leben zu richten? Anschließend legte er seine Gitarre auf den Boden und spielte mit den Fußzehen ein solch wundervolles Lied, daß mir die Tränen in die Augen traten. Welche Behinderung haben Sie, die Sie daran hindert, erfolgreich zu sein?

Sie haben nicht die richtigen Beziehungen? Jesus kannte keinen einflußreichen Menschen, und trotzdem ist er unsterblich!

Sie sind zu alt, um noch ein großes Ziel in Angriff zu nehmen? Im Alter von 54 Jahren besuchte ein Vertreter für Milchmixer ein neuartiges Restaurant in Kalifornien. Bis dahin hatte er auf die Chance seines Lebens gewartet, und als er dieses Restaurant betrat, wurde ihm schlagartig bewußt, daß dies die Chance seines Lebens war und er sie nutzen würde. Ray Kroc schlug den beiden Inhabern, den Brüdern McDonald, vor, ein Franchise-Konzept für dieses neuartige Restaurant, nämlich einem Fastfood-Restaurant, zu vertreiben. Die Brüder willigten ein, und Ray Kroc begann mit der Umsetzung. Viele Jahre lang verdiente er als Franchise-Geber keinen Cent. Er finanzierte seinen Lebensunterhalt durch eine eigene McDonald's-Filiale, die er als Franchise-Nehmer selbst betrieb. Mehrmals war McDonald's am Rande des Ruins, aber schließlich zahlte er die Brüder McDonald aus.
Eine Besonderheit war die Installierung einer eigenen Ausbildungs-Universität für McDonald's-Angestellte. Seiner Sekretärin June Martinéz konnte er nur wenig bezahlen, aber sie hielt Ray Kroc immer die Treue. Er gab ihr dafür 1964, als McDonald's, an die Börse ging, einige Aktienpakete. Dafür erhielt June Martinéz dann 25 Millionen Dollar bei ihrem Verkauf. Dreißig Jahre später, im Alter von 84 Jahren, starb Ray Kroc als Milliardär. Heute gehen 17 Prozent aller amerikanischen Restaurantbesucher zu McDonald's. 32 Prozent aller Hamburger, 20 Prozent aller verkauften Pommes frites und 5 Prozent aller verkauften Colas der USA werden von McDonald's verkauft. Die jährliche Gewinnsteigerungsquote von McDonald's liegt bei ca. 27 Prozent. Ray Kroc war 54, als er seine Idee hatte. Wie alt sind Sie? Sind Sie zu alt für Ziele?
Bei einem Seminar lernte ich Norbert Neumann aus Königstein kennen. Er arbeitete erfolgreich in einem Computerunternehmen, stieg jedoch mit 49 Jahren aus und gründete die File Net Corp. in Deutschland. Drei Jahre später erwirtschaftete sein Unternehmen bereits 30 Millionen Mark Jahresumsatz. Sein Ziel dabei ist es, die Büros papierfrei zu machen, das heißt jede Ablage, jeden Brief per Computer zu verwalten (work flow). Hätten Sie den Mut, mit 49 Jahren, verheiratet, mit vier Kindern und einem sicheren Job, alles aufzugeben?

Für viele Menschen gibt es nicht den optimalen Zeitpunkt. Bis zum Alter von 35 fühlen sie sich zu jung, um ein großes Ziel in Angriff zu nehmen – ab 36 sind sie dann bereits zu alt und bereiten sich systematisch auf ihr Begräbnis vor. Wenn die Menschen, die ihre Energie in die Vorbereitung ihrer Rentenjahre stecken (Auswahl der Lebensversicherungen, Altersabsicherung, Alterswohnsitz, am besten schon einen entsprechenden Friedhofsplatz reservieren), diese in ein großes Ziel investieren würden, würden sie dadurch nicht nur mit mehr Spaß die restlichen Jahre verbringen, sondern sicherlich darüber hinaus auch noch länger leben.
Deshalb ist es wichtig, *daß Sie auch im, Alter noch Ziele haben.* Vielleicht kennen Sie den einen oder anderen Menschen, der sein Leben lang all seine Kraft und Energie in seinen Beruf, in sein Unternehmen investierte. Dann wird er pensioniert, und derselbe Mensch, der fast nie krank war, der stets voller Energie und Tatendrang sprühte, verfällt zusehends und stirbt wenige Jahre später. Dieser Effekt ist auch bekannt als ›Pensionierungs-Syndrom‹. Diese Menschen hatten ihr Leben lang eine Aufgabe, ein Ziel, für das es sich lohnte, alle Energie und Kraft einzusetzen. Dieses Ziel, diese Aufgabe sorgte automatisch dafür, daß der Mensch körperlich und geistig im Vollbesitz seiner Kräfte blieb. So ist auch zu erklären, warum der normale Arbeitnehmer im Durchschnitt über zwanzig Arbeitstage im Jahr krank ist, während ein Unternehmer es lediglich auf fünf bis sechs Krankheitstage pro Jahr im Durchschnitt bringt.
Lassen Sie sich auch nicht einreden, Sie müßten sich ›schonen‹. Dieses ›Märchen der Überlastung‹ existiert nur fiktiv, denn *ein Mensch, der ein großes Ziel vor Augen hat, ist selten überlastet,* sondern sprüht in der Regel vor Tatendrang und Energie. Je größer Ihr Ziel ist, je intensiver Sie daran glauben, desto mehr Energie werden Sie erhalten. Allerdings liegt die Bedeutung auf ein Ziel – und nicht auf vielen. Während ein (oder nur wenige) große Ziele Energie erzeugen, kosten dagegen viele Ziele dem Menschen Energie. **Ein** großes, positives Ziel löst automatisch den »Eu-Streß« (= Positiv), **viele** Ziele dagegen den »Dis-Streß« (= Negativ) aus.

Leitthesen zu 5.2:

1. Wer nicht weiß, wohin er will, muß sich nicht wundern, wenn er ganz woanders ankommt!
2. Fleiß ist keine Garantie für Erfolg. Erst ein definiertes Ziel verwandelt Fleiß in einen Erfolgsfaktor!
3. Ziele sind wie ein Fixstern am Himmel – sie leuchten ihnen Ihren Weg!
4. Kein Ziel ist zu groß, als daß Sie es nicht erreichen könnten, Jedes Ziel ist möglich!
5. Ein Lebensziel darf, sollte ideell formuliert werden!
6. Ein Ziel muß möglichst genau definiert und beschrieben werden!
7. Ziele sind Magneten: Sie ziehen den Erfolg an!
8. Es kommt nicht darauf an, was für ein Ziel Sie haben, wichtig ist, daß Sie überhaupt ein Ziel haben!
9. Der Weg ist das Ziel! Sehen Sie sich vor Ihrem geistigen Auge bereits am Ziel, und stellen Sie sich dieses Zielfoto ganz genau vor!

Notizen: ____________________

____

____

____

____

5.3 Der Glaube

»Der Glaube kann Berge versetzen.«
Redensart

Sie haben ein Ziel gefunden. Nichts, was Ihr Unterbewußtsein als Einwand dagegen vorbringen könnte, hat Bestand. Wird es da

nicht Zeit, daß Sie selbst – zumindestens ein klein wenig – an die Möglichkeit Ihres großes Zieles glauben? Alfred Krupp, der legendäre deutsche Industrielle, suchte in seinen Anfangsjahren wie besessen das Geheimnis der Gußstahlerzeugung. Er kämpfte jahrelang mit großen finanziellen Nöten. Vom Erfolg seiner Pläne überzeugt, verkaufte er sein Tafelsilber, um die Löhne bezahlen zu können. Vierzig Jahre später erzielte das größte Gußstahlwerk der Welt einen Umsatz von 47 Millionen Reichsmark.
Glauben auch Sie an Ihre Ziele? *Denn der Glaube ist es, der Berge versetzen kann.* Der Glaube ist es aber auch, der Erfolg verhindert – wenn er voller Ängste, voller Sorgen, voller Zweifel, voller Vorurteile und Einwände ist.
Es war einmal ein Mann in Amerika, der wohnte an einer Überlandstraße und verdiente sich seinen Lebensunterhalt mit dem Verkauf von Hot dogs am Straßenrand. Seine Ohren waren nicht mehr so gut, darum hörte er nie Radio. Seine Augen waren nicht mehr so gut, darum las er nie Zeitung. Gut aber waren die Hot dogs, die er verkaufte, und er stellte Schilder an die Straße und rief. »Ein Hot dog gefällig?« Schließlich konnte er all die Bestellungen mit seinem kleinen Ofen nicht mehr ausführen. Er bat seinen Sohn, der am College studierte, um einen Rat, ob er in einen größeren Ofen investieren sollte. Der Sohn sagte: »Vater, hast du es nicht im Radio gehört? Hast du es denn nicht in der Zeitung gelesen? Wir haben eine riesige Rezession! In Europa ist die Lage schlimm. In Amerika ist sie noch schlimmer. Alles geht vor die Hunde. Und du willst in solch einer Zeit noch investieren?« Der Vater sagte zu sich selbst, da sein Sohn ja auf dem College sei, Zeitung lese und Radio höre: »Er wird es ja wohl wissen.« Daraufhin erwarb er keinen größeren Ofen. Er stellte kein Reklameschild mehr auf und bestellte weniger Würstchen und Brötchen. Seine Stimmung war gedrückt, und im Gegensatz zu früher rief er nicht mehr laut: »Ein Hot dog gefällig?« In kurzer Zeit verschlechterte sich sein Geschäft. Der Umsatz ging mehr und mehr zurück. »Du hast recht, mein Junge«, sagte der Vater zum Sohn, »wir befinden uns wirklich in einer schrecklichen Rezession.«
Dieses Märchen aus Amerika hat Gültigkeit für so viele Menschen. Es ist unsere Einstellung zu den Dingen, die entscheidend

dafür sind, ob wir erfolgreich sind oder nicht. Gerade in der Zeit, als ich dieses Buch schrieb, ging die größte Rezession der deutschen Nachkriegsgeschichte zu Ende. In meinem ersten Buch, *Sicher zum Spitzenerfolg*, gibt es ein Kapitel mit der Überschrift »Krise = Chance«, in dem die Rezession beschrieben und auch dargestellt wird, was sie bereithält – nämlich eine Chance! (Das chinesische Schriftzeichen für Krise benutzt als erstes ein Symbol für Gefahr. Das zweite Schriftzeichen bedeutet jedoch Chance. Beides ist also möglich in einer Krise – Ihr Denken entscheidet darüber, ob sich Ihre Lage durch eine Krise verschlechtert oder sogar verbessert.)

In besagtem Kapitel hatte ich geschrieben, daß auf jede Rezession wieder ein Wirtschaftsaufschwung einige Jahre später erfolgt. So müßte die deutsche Wirtschaft ab 1997 wieder wachsen. Doch viele Unternehmen haben diese Rezession nicht überlebt. Sie haben sich eingegraben, verbarrikadiert, die Kassen ›dicht gemacht‹ und auf das baldige Ende der Rezession gehofft. Doch solchermaßen agierende Firmen überleben eine Rezession nicht – zu Recht! In der deutschen Maschinenbaubranche, die von der Rezession besonders stark betroffen war, konnte dennoch jeder zehnte Betrieb seinen Ertrag ausbauen, seinen Erfolg steigern. Ist dies wirklich Pech oder Glück, Zufall oder Schicksal?

Ich bin sicher, die Führungskräfte dieser erfolgreichen Firmen haben einfach nicht an die negativen Wirkungen der Rezession gedacht, sondern nur daran, wie ihr Erfolg noch zu steigern war, wie sie ihren Kunden mehr Nutzen geben, wie sie – zusammen mit den Mitarbeitern – den Erfolg ausweiten konnten. Eine Rezession gilt niemals für alle Betriebe, sondern immer nur für die Volkswirtschaft als Ganzes. In der Rezession gibt es Firmen, die ihren Erfolg katapultieren, während es in Boom-Phasen Firmen gibt, die Konkurs anmelden müssen.

Erschaffen Sie sich ihre eigene Wirklichkeit. Glauben Sie an sich und an Ihre Ziele. Programmieren Sie das positive Denken täglich in Ihr Unterbewußtsein. Wenn viele Menschen Ihre großen Ziele verwirklicht haben, was spricht dann dagegen, daß auch Sie Ihre Ziele erreichen?

»Wenn du ›ES‹ träumen kannst, dann kannst du ›ES‹ auch erreichen!«

Walt Disney hat es uns vorgemacht, zu was ein Mensch imstande ist, wenn er nur an seine Vision, an seinen Traum, an sein großes Ziel wirklich glaubt. Der Arzt Dr. Voelgyesi versetzte bei einem Versuch seine Patienten in Hypnose. Er suggerierte den Patienten die Einnahme bestimmter Speisen ein (rein fiktiv; natürlich hatten sie nichts zu sich genommen). Das verblüffende Resultat: Die Magensekretion änderte sich sofort, und zwar der jeweils suggerierten Nahrung entsprechend. Hierzu zwei Beispiele:

- Bei einem Patienten, dem die Einnahme eines Löffels Öl suggeriert wurde, sonderten Galle und Bauchspeicheldrüse erhebliche Sekretmengen ab.
- Einer anderen Patientin hatte er suggeriert, sie würde gerade ihr Lieblingsgericht zu sich nehmen. Daraufhin stieg die Produktion ihres Magensaftes an. Als der Arzt während des Experiments den Satz fallen ließ: »Wie schön wäre es, wenn Sie wirklich Ihr Leibgericht essen würden!«, wurde die starke Produktion des Magensaftes von ihr abrupt beendet. Es schien so, als habe der Magen die Täuschung entdeckt und daraufhin die Sekretabsonderung eingestellt, Als Dr. Voelgyesi daraufhin wieder suggerierte, sie würde ihre Lieblingsspeise zu sich nehmen, arbeitete der Magen genauso intensiv wie zu Beginn des Experiments.

Wenn Menschen unter Hypnose suggeriert wird, sie würden keinerlei Schmerz verspüren, so verspüren diese wirklich keinerlei Schmerzen. Auf diese Weise sind Geburten, Zahnbehandlungen, ja sogar schwere chirurgische Eingriffe (Gehirnoperation) ohne Narkose möglich. Mittlerweile arbeiten zahlreiche Zahnärzte mit Hilfe der Hypnose, so daß keine medikamentöse Schmerzbehandlung während diverser Eingriffe nötig ist.
Sie werden sich jetzt vielleicht fragen, was die Hypnose mit Ihrem eigenen Glauben zu tun hat. Nun, ganz einfach: Bei der

Hypnose handelt es sich um nichts anderes, als daß der Hypnotiseur dem Hypnotisierten einen starken Glauben im Unterbewußtsein verankert. Wenn ein Mensch glaubt, daß er keinen Schmerz verspürt, dann verspürt er tatsächlich keinen Schmerz. Wenn ein Mensch glaubt, daß er sein Lieblingsgericht zu sich nimmt, dann reagiert sein Körper so, als ob er tatsächlich sein Lieblingsgericht zu sich nehmen würde.

Doch wenn diese Phänomene durch den Glauben möglich sind, dann ist es auch möglich, an sein großes Ziel, seine große Aufgabe, seinen großen persönlichen Erfolg zu glauben. Doch beim Glauben gibt es – wie in allen anderen Bereichen auch – natürlich auch eine Kehrseite der Medaille: der negative Glaube. Es gibt keine Macht, die soviel verhindert, die soviel zerstört wie der negative Glaube. Denken Sie hierbei beispielsweise nur an den Aberglauben. Millionen von Menschen glauben daran, und viele Menschen richten ihr Leben darauf aus. Es gibt Menschen, die an einem Freitag, dem 13., ihr Haus nicht verlassen – nur aus dem Glauben heraus, es würde ihnen etwas Negatives zustoßen. Es gibt Menschen, die regelrecht in Panik verfallen, wenn eine schwarze Katze von links nach rechts ihren Weg kreuzt. Der Beispiele gibt es viele, und sicherlich kennen Sie einige davon. Doch wenn Sie Menschen, die an diesen Aberglauben fest glauben, nach der Richtigkeit ihres Glaubens fragen, werden sie Ihnen zahlreiche Beispiele aus ihrem Leben erzählen, nach der sich ihre Befürchtungen tatsächlich bewahrheitet haben. Und diese Menschen haben tatsächlich recht: Wer an den Aberglauben glaubt, der wird durch seinen Glauben tatsächlich die Dinge anziehen, die ihm dann auch wirklich zustoßen.

Bekannt wurde dieses Phänomen als 4e sich selbst erfüllende Prophezeiung‹. Es ist heute erwiesen, daß etwa 80 Prozent der Krankheiten psychosomatische Ursachen haben. Ein Großteil davon beruht auf dem Glauben der Menschen. Wer Herzprobleme hat, der wird neurotisch auf jeden kleinsten Stich, auf jeden kleinsten Schmerz achten und in jedem Gefühl ein weiteres Indiz für seine Herzerkrankung sehen. Vor einigen Jahren verspürte ich schmerzhafte Stiche in der linken Brustseite. Zu dieser Zeit hatte ich zwei Wochen Urlaub vor mir. Ich hatte mir bereits ernsthaft Sorgen um die Stiche gemacht, jedoch keinen Arzt aufgesucht, sondern freute mich auf meinen Urlaub. Während des Urlaubs nun achtete ich peinlichst genau auf meinen Brustkorb, und von Tag zu Tag wurden die Stiche zahlreicher und schmerzhafter. Ich fühlte mich immer schwächer und elender, und sofort nach dem Urlaub besuchte ich einen Kardiologen. Der Arzt unterzog mich einer intensiven Untersuchung. Er röntgte mich, machte mit mir Ruhe- und Belastungs-EKGs, untersuchte meine körperlichen Werte usw. Nach der Untersuchung saß ich ihm dann voller Anspannung gegenüber und wartete auf seine Diagnose. Zunächst einmal teilte er mir mit, er habe keinerlei organische Ursachen für meine Beschwerden gefunden. Ganz im Gegenteil, mein Herz sei außerordentlich leistungsfähig, und ich bräuchte mir überhaupt keine Gedanken oder Sorgen zu machen. Allerdings sei ihm beim Röntgenbild aufgefallen, daß ich eine Skoliose (Wirbelsäulenverkrümmung) habe und möglicherweise meine Beschwerden von dort herrührten. Er gab mir den Tip, einen Orthopäden aufzusuchen, Ich begab mich also in orthopädische Behandlung, und von diesem Zeitpunkt an verschwanden meine Beschwerden.

Ich erzähle Ihnen diese Geschichte deshalb, um Ihnen klarzumachen, welche Macht der Glaube – negativ und positiv – auf unser Leben besitzt. Der Glaube kann alles aufbauen, der Glaube kann aber auch alles zerstören und vernichten.

Ein kleiner Junge wollte Sänger werden und nahm Gesangsstunden. Sein Gesangslehrer kritisierte ihn jedoch ständig und gab seiner Mutter den Rat, sie solle sich das Geld für die Gesangsstunden sparen, denn aus ihrem Sohn würde nie ein guter Sänger werden. Die Mutter jedoch glaubte an ihren Sohn, lobte ihn, daß sein Gesang schon besser geworden sei, und schickte ihren Jungen zu einem anderen Gesangslehrer. Sie sparte, wo sie nur konnte (sie leistete sich zum Beispiel keine Schuhe), um das Geld für seine Gesangsstunden zu finanzieren. Der Junge wuchs durch das Lob seiner Mutter, übte ausdauernd und diszipliniert – und *dieser Junge mit dem Namen Enrico Caruso ging als der größte Opernsänger aller Zeiten in die Geschichte ein.*

Nun, habe ich Sie überzeugt? Es ist sehr leicht, an Negatives zu glauben, und um so schwerer, an seine Möglichkeiten und Chancen zu glauben. Denn all die negativen Suggestionen unserer Vergangenheit sorgen dafür, daß wir es nicht für möglich halten, Großes im Leben zu vollbringen. Doch warum sollte ausgerechnet Ihnen das nicht gelingen, was viele andere Menschen bereits vor Ihnen erreicht haben? Denken Sie daran:

»Alle berühmten Persönlichkeiten von morgen sind heute noch unbekannt.«

Menschen haben das Fliegen gelernt, das Penicillin entdeckt, den Disney-Vergnügungspark gebaut, das Auto erfunden, den Weltraum erforscht, sich den elektrischen Strom nutzbar gemacht usw. – bei all diesen grandiosen Erfolgen soll es also nicht möglich sein, daß Sie Ihre Ziele erreichen? Ich wünsche Ihnen, daß Sie den Mut haben, Ihre Ziele ein klein wenig höher zu stekken als bisher und daß Sie daran glauben.

Leitthesen zu 5.3:

1. Der Glaube versetzt Berge!
2. Sie bekommen das, was Sie sich vorstellen können!
3. Wenn du ›Es‹ träumen kannst, dann kannst du ›Es‹ auch erreichen.
4. Alle berühmten Persönlichkeiten von morgen sind heute noch unbekannt.

5.4 Die Konzentration

Alles interessiert den Menschen, doch nur weniges ist wirklich wichtig!

Der Mensch interessiert sich für alles, was existiert. Es gibt keinen Bereich, in dem der Mensch nicht das Bedürfnis hätte, zu for-

schen, Erkenntnisse zu gewinnen, sich Know-how anzueignen. Diese menschliche Eigenschaft ist, grundsätzlich gesehen, natürlich positiv. Nur die Neugierde bringt uns dazu, in der Entwicklung immer weiter voranzuschreiten.
Die Frage, die wir uns stellen müssen, ist jedoch, ob jeder Mensch sich wirklich in allem auskennen muß. Wie bereits erwähnt, verdoppelte sich im 17. und 18. Jahrhundert alle fünfzig bis achtzig Jahre das Menschheitswissen. Damals gab es noch Menschen, die das gesamte enzyklopädische Wissen in ihrem Gedächtnis hatten. Heute verdoppelt sich das Wissen der Menschheit etwa alle drei Jahre. Die Informationen, die uns tagtäglich erreichen, werden immer mehr.
Im unternehmerischen Bereich war es vor einigen Jahren noch ausreichend, in irgendeinem Bereich spitze zu sein (etwa ein Topprodukt, ein Spitzenmarketing, ein ausgereiftes Kostenmanagement zu betreiben), damit das gesamte Unternehmen gewinnorientiert arbeitete. Heute muß ein Unternehmen in allen Bereichen, in allen Abteilungen Höchstleistungen vollbringen, um noch im Markt bestehen zu können. Es genügt heute nicht mehr, ein Spitzenprodukt zu haben, es muß gleichzeitig einen akzeptablen Preis besitzen. Das Produkt muß aber auch durch entsprechend professionelle Marketingaktionen bekannt gemacht und beworben werden. Man benötigt ausreichend und exzellent ausgebildete Verkäufer, die den Nutzen und die Vorteile des Produkts dem Kunden verdeutlichen. Die gesamte Verwaltung und Abwicklung muß hervorragend organisiert sein, damit der Kunde einen positiven Eindruck vom Service und von der Professionalität des Betriebes erhält. Die Liste ließe sich beliebig fortführen. Während es also früher ausreichend war, daß ein Unternehmen in einem Bereich spitze war, ist es heute so, daß das Unternehmen in allen Bereichen und Abteilungen erstklassig sein muß – was beim überholten patriarchalischen Führungsstil nicht mehr möglich ist. Eine Person alleine (oder bei größeren Unternehmen der Vorstand) ist nicht mehr in der Lage, in allen Bereichen spitze zu sein.
Deshalb müssen erfolgreiche Unternehmen Spezialisten aus allen Bereichen beschäftigen. Darüber hinaus ist es notwendig,

sich weitere Spezialisten von ›außen‹ in den Betrieb zu holen. Darum erleben die Steuerberatungen, Unternehmensberatungen, PR-Agenturen, Werbeagenturen, Computer-Service-Firmen usw. einen ungeheuren Aufschwung.

Bei der Vielzahl der zu bewältigenden Aufgaben und der in jedem Bereich vom Markt verlangten Spitzenqualität ist es praktisch unumgänglich, mit Spezialisten aus allen Bereichen zusammenzuarbeiten.

Aber nicht nur das, die Diversifizierungsstrategie vieler Unternehmen in den achtziger Jahren hat sich mittlerweile größtenteils als katastrophaler Fehler erwiesen. Viele Unternehmen, die sich durch den Ausbau ihrer Produktlinien, durch Firmenaufkäufe oder durch Erarbeitung neuer Zielgruppen Umsatz- und Gewinnsteigerungen erhofften, mußten schnell enttäuscht feststellen, daß meistens genau das Gegenteil eintrat. Die Daimler-Benz AG, die Anfang der Achtziger noch fast ausschließlich im Automobilbereich tätig war (und hier in den letzten dreißig Jahren eine ungeheure Erfolgsgeschichte schrieb), kaufte die verschiedensten Unternehmen hinzu: von AEG über MBB bis hin zu Fokker. Allein AEG kostete den Daimler-Konzern in den letzten Jahren Milliarden durch die ›erwirtschafteten‹ Verluste.

Oder wie war es mit der Firma FAG Kugelfischer? Durch den Aufkauf immer neuer Unternehmen, die mit dem eigentlichen Kerngeschäft der Kugellagerproduktion nichts zu tun hatten, sowie einer Expansion in Märkte wie die ostdeutschen Länder (DKF wurde von der Treuhand gekauft), wurde diversifiziert ohne Grenzen – mit dem Ergebnis, daß Ende 1992 die Firma kurz vor dem Konkurs stand. Beim anschließenden ›Kahlschlag‹ durch Deutschlands ›Sanierer‹ Nummer 1, Dr. Kajo Neukirchen, wurden dann nicht nur radikale Entlassungen und Kosteneinsparungen vorgenommen, sondern es wurden alle Unternehmensbereiche verkauft (natürlich meistens für einen viel geringeren Wert, als sie eingekauft worden waren), um sich wieder auf das Kerngeschäft zu konzentrieren.

Die Liste ließe sich nun unbegrenzt fortführen mit Beispielen, bei denen sich eine Diversifizierung, also eine Nichtkonzentra-

tion, negativ auswirkte. Viel länger aber noch ist die Liste der Firmen, die – bewußt oder unbewußt – eine konzentrierte, erfolgreiche Unternehmensstrategie betrieben. Die amerikanische Interstate-Warenhaus-Kette stand kurz vor der Pleite und konzentrierte sich anschließend auf nur noch eine Produktlinie: Spielwaren. Der Name wurde umgewandelt in Toys' ›Я‹ Us, und heute besitzt das Unternehmen einen Marktanteil in den USA von rund 20 Prozent. 1993 wurden bei 5,5 Milliarden Dollar Gesamtumsatz 326 Millionen Gewinn erzielt. Das verstehe ich unter einer erfolgreichen Konzentrationsstrategie.
Oder wie steht es mit den zahlreichen ›Nischen-Firmen‹, die sich eine – zunächst oftmals sehr kleine – Nische ausgesucht haben, um dann sehr schnell große Umsätze und Gewinne zu erzielen? Man denke hier nur an die mittlerweile zu Giganten aufgestiegenen Firmen Apple, Microsoft, McDonald's, Nintendo usw.
Natürlich gibt es auch zahlreiche Firmen, die durch die Konzentration auf ein Produkt, auf eine Zielgruppe großgeworden sind, nur um anschließend ihren Erfolgsweg zu verlassen. Einige haben diese Änderung der Erfolgsstrategie teurer bezahlt, einige existieren gar nicht mehr. Andere wiederum haben ebenfalls schmerzhafte Erfahrungen machen müssen, ehe sie dann wieder auf den Weg des Erfolgs zurückkehrten. Wie war es zum Beispiel, als Pepsi-Cola mit ›Chrystal-Cola‹ diversifizierte? Es wurde einer der größten Flops der Firmengeschichte. Oder wie war es mit ›New-Coke‹? Bereits sechs Wochen nach Markteinführung wurde das alte Rezept als ›Classic-Cola‹ wieder in den Markt genommen – und kein Mensch trinkt heute ›New-Coke‹.
Doch dies ist kein Wirtschaftsbuch. Die Beispiele sollen Ihnen lediglich verdeutlichen, daß die Nichtbeachtung der Konzentrationsstrategie nicht nur im persönlichen Bereich, sondern auch in den Unternehmen, gleich, ob klein oder groß, zu Problemen führt.
Wir haben im letzten Kapitel über Ziele gesprochen. Ich hoffe, daß Sie es geschafft haben, sich für *ein Hauptziel* zu entscheiden – das ist der erste Schritt zur Konzentration. Ja, ich weiß, wie schwer es ist, die Entscheidung zu treffen, sich auf ein einziges Ziel zu konzentrieren. Doch glauben Sie mir, es ist die einzige

Möglichkeit, wirklich erfolgreich zu sein. Sie haben nur eine bestimmte Menge Energie zur Verfügung, und je mehr Ziele Sie anpeilen, desto geringer ist Ihre Kraft, die Sie für jedes einzelne Ziel einsetzen können.

Ich möchte Ihnen ein Beispiel aus der Natur geben, die dieses kosmische Gesetz der Konzentration veranschaulicht: Die Energie der Sonne ist ungeheuer groß. Wenn Sie ein Blatt Papier in die Sonne legen, dann wird nichts passieren, vielleicht einmal davon abgesehen, daß es nach einigen Stunden etwas gewellt und vergilbt ist. Wenn Sie jedoch mit Hilfe eines Brennglases die Energie der Sonne auf einen Punkt konzentrieren, dann fängt das Blatt Papier bereits nach wenigen Sekunden zu brennen an. Die Energie ist die gleiche geblieben, aber aufgrund der Konzentration verstärkt sich die Wirkung um ein Vielfaches.

Doch wenn dies ein kosmisches Gesetz ist, daß die Sonne dann ihre stärkste Wirkung erzielt, wenn ihre Energie konzentriert wird – wie kommt dann der Mensch auf die Idee, er könne seine Kraft und Energie für unbegrenzte Ziele einsetzen?

Ich habe in jungen Jahren selber einige Jahre Leistungssport betrieben, und im Sport ist es allgemein bekannt: Nur die Konzentration auf eine Sportart führt letztendlich zum Erfolg. Spreche ich von Erfolg, dann meine ich Spitzenerfolg. Natürlich können Sie gleichzeitig Tennis spielen, Joggen, Schwimmen, Golfen, Skifahren und Surfen – als Breitensportler, zum Ausgleich, zum Spaß. Doch wenn Sie das Ziel haben, Spitze zu sein, dann müssen Sie sich für eine Sportart entscheiden. Es würde keinem Sportler einfallen, so zu trainieren, um gleichzeitig Weltmeister im Gewichtheben, im Marathonlauf, im Hochsprung und im Schwimmen zu werden. Jeder Sportler würde hier nur ungläubig den Kopf schütteln und glauben, er hätte einen Verrückten vor sich.

Jeder Sportler weiß: Er muß sich für eine Disziplin entscheiden und in dieser Disziplin immer wieder trainieren, seine Fertigkeiten verbessern, um letztendlich seine Ziele zu erreichen. Doch in den meisten anderen Berufen, auch in zahlreichen Firmen, wird die Energie auf möglichst viele verschiedene Ziele und Bereiche aufgeteilt. Nur auf die Idee, sich auf eine Sache, auf ein Ziel zu konzentrieren, kommen die meisten Menschen nicht.

Ein Musiker, der Spitze sein möchte, muß dafür lange und oft trainieren, Vielleicht beherrscht er mehrere Instrumente. Vielleicht spielt er – ab und zu – auch mal ein anderes Instrument. Doch er hat sich frühzeitig für ein Instrument entschieden, und in dieses Instrument investiert er seine ganze Energie, seine ganze Konzentration. Ein Pianist übt täglich Klavierspielen und nicht eine Stunde Klavier, eine Stunde Geige, eine Stunde Gitarre und eine Stunde den Baß.

Ein Ziel besitzen, hinter dem eine große Aufgabe steht und mit dem wir anderen Menschen Nutzen bringen, das ist wichtig – und selbstverständlich, als nächster Schritt, die Konzentration auf dieses eine Ziel. Doch nun kommen natürlich die Zweifel: Habe ich mich für das richtige Ziel entschieden? Kann es nicht sein, daß ich eine ganz andere Begabung habe und mich für das falsche Ziel entschieden habe? Diese und andere Zweifel lauern permanent in unserem Unterbewußtsein und bringen uns von der Konzentration ab. Nur wenigen Menschen gelingt es, durch Disziplin und eisernen Willen sich wirklich auf eine Sache in ihrem Leben zu konzentrieren. Dabei sind die erfolgreichen Menschen immer diejenigen gewesen, die sich auf eine Sache konzentrierten.

- Boris Becker hat sich seit seiner frühesten Kindheit an aufs Tennisspielen konzentriert und hat bereits im Alter von zwanzig Jahren alles erreicht, was ein Mensch in seinem Leben erreichen kann.
- Franz Beckenbauer hat sich sein Leben lang auf Fußball konzentriert. Er hat nichts anderes getan, als Fußball zu spielen, Fußball zu üben, Fußball jeden Tag zu leben – und Franz Beckenbauer hat alles erreicht, was ein Mensch in seinem Leben erreichen kann.
- Luciano Pavarotti hat nichts anderes getan, als sich sein Leben lang auf den Gesang von klassischer Musik zu konzentrieren (ja, ich weiß, er hat zum Spaß auch schon mal das eine oder andere moderne Lied gesungen, doch dies erst zu einem Zeitpunkt, als er bereits einer der größten Opernsänger war, und alles erreicht, was ein Mensch in seinem Leben erreichen kann).

– Alexander der Große hatte bereits vor weit mehr als zweitausend Jahren die Vorteile der Konzentration erkannt. Auf ihn geht die Managementstrategie ›Spitz in den Markt‹ zurück: Alexander der Große trat oft mit einem viel kleineren Heer gegen seine Gegner an. Diese formierten sich traditionell in Reihen. Hätte Alexander seine Armee nun ebenso aufgestellt, dann hätte er mit an Sicherheit grenzender Wahrscheinlichkeit die Schlacht verloren. So aber formierte er einen Keil (Dreieck), konnte dadurch spitz in die Reihen seiner Gegner eindringen und auf diese Weise mit einem viel kleineren Heer die Schlachten gewinnen.

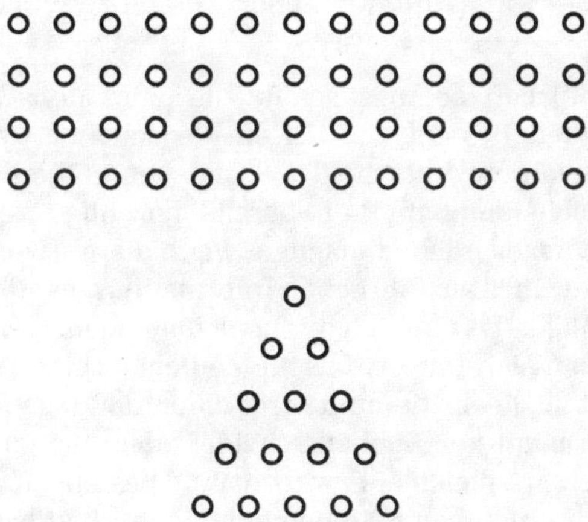

Natürlich mußte sich Alexander entscheiden, an welchem Punkt er mit seinem Heer in die gegnerischen Reihen eindringen wollte. Und diese Entscheidung, die müssen Sie treffen. Für welchen Punkt, also für welches Ziel entscheiden Sie sich? Ob es sich nun um das Privatleben handelt, ob es sich um den Beruf handelt, ob Sie ein Unternehmen besitzen – die Entscheidung für Ihr Ziel müssen Sie, ganz alleine Sie, treffen. Dabei kann Ihnen niemand helfen.
Die Adam Opel AG produzierte zu Lebzeiten des Firmengründers in der Hauptsache Nähmaschinen. Nach dem Tod des Vaters stellten seine Söhne Fritz und Wilhelm die Produktion ein, um

sich auf einen zukunftsträchtigeren Markt konzentrieren zu können – obwohl nur noch zwölf Nähmaschinen bis zur Millionengrenze fehlten. So bündelten sie ihre Kräfte auf die Herstellung von Automobilen.
In der Natur oder im täglichen Leben ist die Konzentration auf den Punkt ganz normal. Doch wenn es um ein ganzes Unternehmen oder am das eigene Leben geht, dann werden Menschen plötzlich zu Zögerern, zu Zauderern, können sich nicht entscheiden und ›verzetteln‹ sich sehr oft.

Der sicherste Weg zum Mißerfolg ist der, immer ›auf Nummer Sicher‹ setzen zu wollen!

Daran ist natürlich die Angst schuld, die in uns Menschen steckt. Wenn die Gefahr besteht, daß sich ein Mensch für etwas Falsches entscheiden könnte, entscheidet er sich lieber überhaupt nicht. (Diese Entscheidung mußten bereits unzählige Verkäufer in ihren Verkaufsgesprächen machen, wenn die Antwort des Kunden am Ende eines ausführlichen Informationsgespräches lautete: »Tut mir leid, das muß ich mir noch überlegen.«) Es könnte ja sein, daß man sich für das falsche Ziel entscheidet, was dann? Diese Angst sitzt sehr tief und sorgt dafür, daß man sich entweder für überhaupt kein Ziel entscheidet oder – um auf Nummer Sicher zu gehen – gleich auf zwei oder am besten auf noch mehr. Wenn ein Unternehmen Erfolg mit einem Produkt hat, was liegt dann näher, als weitere zwei oder drei Produkte einzuführen, um auf diese Weise nicht so abhängig zu sein? Wenn ein Unternehmer mit seinem Betrieb erfolgreich ist, was liegt näher, als einen zweiten Betrieb zu eröffnen oder zu übernehmen, einen aus einer ganz anderen Branche, um dadurch ein ›zweites Standbein‹ zu besitzen, um von der einen Branche unabhängig zu sein? Sie besitzen zwar ein Ziel, aber es könnte doch sein, daß Sie dafür gar nicht das Talent oder die Begabung besitzen und letztendlich mit dem Ziel scheitern. Was liegt also näher, als auf oder mehrere Ziele zu setzen und auf ›Nummer Sicher‹ zu gehen?
Sie werden mir nun vielleicht antworten, auch mit verschiedenen

Zielen ist es möglich, erfolgreich zu sein. Vielleicht führen Sie als Beispiel die Universalgenies Goethe, Leonardo da Vinci und andere auf. Doch wie viele Goethes und Leonardos gibt es auf unserer Welt? Vielleicht sind Sie eher zahlenorientiert, deshalb möchte ich Ihnen folgende Formel geben: Jeder Mensch besitzt nur 100 Prozent Energie. Konzentriert er diese 100 Prozent auf einen Punkt, also auf ein einziges Ziel, so hat er 100 Prozent seiner Energie dafür zur Verfügung. Hat er zwei Ziele und konzentriert sich auf beide gleichermaßen, hat er nur noch jeweils 50 Prozent zur Verfügung. Hat er vier Ziele, sind es nur noch 25 Prozent für jedes Ziel. Jetzt mag es sein, daß der eine oder andere über eine ungeheure Menge an Kraft und Energie verfügt. Dann ist es durchaus denkbar, daß 50 Prozent der Energie für ein Ziel ausreichend sind, um mit diesem Ziel Erfolge zu erreichen. *Doch welche Erfolge wären möglich gewesen*, wenn ein Mensch mit einer solchen *Energie* sich zu 100 Prozent auf ein Ziel konzentriert hätte? Vielleicht wäre dann sein Erfolg um ein Vielfaches größer gewesen.

Als ich meine Frau Kerstin kennenlernte, war ich fasziniert von den vielen Begabungen, die sie besaß. Beruflich hatte sie sich nach Erhalt ihres Diploms als Mode-Designerin mit einem Designer-Geschäft selbständig gemacht. Kerstin sang außerdem halbprofessionell in einer bekannten Jazz-Gruppe. Nachdem ihre Designer-Boutique sehr erfolgreich eingeführt war, begann sie schließlich mit der Produktion und dem Vertrieb von Designer-Damenoberbekleidung in Deutschland, Österreich und der Schweiz. Kurz nach Aufnahme des Geschäftsbetriebes lernte sie dann mich kennen, was einen weiteren Teil ihrer Zeit kostete. Wer sich mir ein klein wenig mit dem Textilgeschäft auskennt, weiß, daß der Aufbau eines solchen Betriebes in dieser harten Branche die ganze Konzentration und Aufmerksamkeit erfordert – selbst wenn die Kollektion als solches noch so toll designt ist. So kam es, wie es kommen mußte: Alle Modepreise, die sie gewonnen hatte, all die Anerkennung der Modefachwelt konnten nicht verhindern, daß Kerstin immer größere Probleme mit ihrem Betrieb bekam. Aber erst eine ganze Zeitlang später ›beichtete‹ sie mir ihre Probleme, und ich nahm mir die Zeit, ihr bisheriges

Leben und – vor allem ihre Zukunft – gemeinsam mit ihr neu zu überdenken. Ich brachte sie dazu, über ihre Wünsche und Ziele nachzudenken. Dabei stellte sie fest, daß sie zwar sowohl im Bereich des Gesangs als auch im Bereich ihres Bekleidungsvertriebs Ziele sah, daß aber ihr wichtigstes Ziel unsere Beziehung und die Gründung einer Familie ist. Darauf hat sie sich dann schließlich konzentriert, gab ihren Modebetrieb auf und singt heute nur noch ›just for fun‹ von Fall zu Fall. *Einen. Großteil meines Erfolgs habe ich deshalb auch ihr zu verdanken.*
Sie sehen also, daß Erfolg nicht nur von Ihren Talenten und Begabungen abhängt, sondern in erster Linie auch davon, sich auf eine Sache zu konzentrieren. Die Konzentration ist auch eine der Hauptursachen meines eigenen Erfolgs. Im Gegensatz zu vielen anderen Menschen habe ich relativ wenige Begabungen geerbt. Beim Sport war ich immer nur mittelmäßig und konnte in keiner Sportart herausragende Leistungen erzielen. In der Schule reichte es (aufgrund meiner ›Lernfaulheit‹) nicht zu einem Hochschulabschluß oder gar einem Studium. Auch eine künstlerische Ader ist in keinster Weise bei mir festzustellen. Irgendwann jedoch habe ich entdeckt, daß ich die Fähigkeit besitze, andere Menschen mit meiner Begeisterung anzustecken. Auf dieses eine Talent habe ich mich dann vollständig konzentriert – und schon in jungen Jahren vieles erreicht, was die meisten Menschen niemals in ihrem Leben erreichen werden.
Ein Unternehmen hat bislang mit einem Produkt großen Erfolg. Um ein zweites Standbein zu haben oder den Erfolg auszuweiten, wird ein weiteres Produkt in einem anderen Bereich eingeführt. Nun müssen die vorhandenen Ressourcen verteilt werden. Die Forschungs- und Entwicklungsabteilung des Betriebes muß sich mit diesem zweiten Produkt beschäftigen, die Verkäufer müssen sich Informationen und Know-how einholen und Verkaufsargumente für das zweite Produkt überlegen, auch teilweise völlig andere Kunden oder Personen bei ihren Kundenbesuchen ansprechen. Die Marketingabteilung muß einen entsprechenden Etat bereitstellen und eine eigene Kampagne zur Bewerbung des Produkts starten. Innerhalb des Betriebes muß eine eigene Fertigungsstraße, ein eigenes Lager

usw. angelegt werden. In der Regel ist es dann meist so, daß das neue Produkt entweder von vornherein ein klassischer Flop wird oder durch große Anstrengungen gerade soeben die Mindestzahlen erreicht – dafür aber das erfolgreiche alte Produkt im selben Maße abbaut. Untersucht man diese Diversifizierungsversuche, stellt man oft fest, daß die meisten zwar eine Menge Energie, Zeit, Aufwand, Kraft und Geld kosteten, der Erfolg aber in vielen Fällen nur bescheiden oder überhaupt nicht eingetreten ist.

Je schärfer eine Axt ist, desto leichter wird sie damit ein Holzscheit teilen. Würde es Ihnen etwa einfallen, mit der stumpfen Seite ein Holzscheit zu bearbeiten? Millionen von Menschen beschäftigen sich mit Management und Erfolgstechniken. Ein Diplomkaufmann geht in Deutschland dreizehn Jahre zur Schule (wenn alles glattläuft), studiert vier Jahre, hat vielleicht noch ein oder zwei Jahre Praktikum oder Auslandsaufenthalt, lernt dann im Laufe seiner Tätigkeit in den Unternehmen eine weitere Vielzahl von Managementtechniken kennen – doch das Wesentliche bleibt den meisten Managern oft vorenthalten: Ziele und Visionen zu besitzen und sich darauf zu konzentrieren. Die Heerscharen von Managern kommen mir wirklich wie Hamster in ihrem Laufrad vor, die zwar fleißig sind, die das Hamsterrad genau untersuchen, genau analysieren, die das Rad mit Schmierstoff bearbeiten, damit es leichter läuft, die am Rad herumfeilen, damit es Gewicht verliert und schneller und leichter zu bedienen ist, die gutes und ausreichend Futter zu sich nehmen, um im Rad möglichst schnell und möglichst lang laufen zu können, die einen Hilfsmotor erfinden, der das Rad auch ohne Muskelkraft schneller zum Laufen bringt – doch warum sie laufen, welchen Sinn es hat, welche Möglichkeiten es vielleicht außerhalb des Rads gibt, auf diese Idee kommen die allermeisten Manager nicht!

Nehmen Sie doch bitte einmal Ihren Kugelschreiber bzw. Bleistift, den Sie gerade in der Hand halten, und drücken Sie das obere Ende – ruhig ein wenig kräftig – auf Ihren Handrücken. Nun halten Sie diesen Stift wieder normal und führen die gleiche Übung mit dem gleichen Energieaufwand mit der spitzen Seite Ihres Stiftes durch. Haben Sie den Unterschied gemerkt?

Bei gleichem Aufwand, bei gleichem Energieeinsatz ist die Wirkung mit der spitzen Seite wesentlich stärker.

Ein weiterer, sicherer Weg zum Mißerfolg: Sich nicht auf das Wesentliche konzentrieren können!

Leitthesen zu 5.4:

1. Nicht alles, was den Menschen interessiert, ist auch wichtig!
2. Die Sonne entfaltet dann ihre größte Wirkung, wenn ihre Energie konzentriert wird. Genauso verhält es sich mit Ihrer Energie!
3. Der sicherste Weg zum Mißerfolg ist, immer auf Nummer Sicher setzen zu wollen!
4. Konzentration ist ein Naturgesetz!
5. Ein sicherer Weg zum Mißerfolg: Sich nicht auf das Wesentliche konzentrieren zu können!

5.5 Die Wiederholung

»Wir sind das, was wir wiederholt tun.«
Aristoteles

Der griechische Philosoph und Gründer der Philosophenschule Athens (335 v. Chr.) hatte diese Erkenntnis bereits vor mehr als 2300 Jahren gewonnen. Heute wenden wir diese Erkenntnis in den verschiedensten Bereichen unseres Lebens an – doch wenn es um uns selbst, unseren Erfolg geht, dann halten wir uns meist genau ans Gegenteil.
Können Sie sich noch daran erinnern, als Sie Ihre erste Fahrstunde im Auto hatten? Können Sie es noch aus dem Gedächtnis abrufen, wie stark Sie sich auf die mechanische Seite des Fahrens konzentrieren mußten? Sie mußten ganz bewußt das Kupplungspedal treten, den ersten Gang einlegen, die Kupplung langsam

kommen lassen und gleichzeitig Gas geben – obwohl Sie dies in der Theorie bereits gehört und gelernt hatten, hat das Auto wahrscheinlich des öfteren den einen oder anderen ›Hüpfer‹ vollbracht. Auch als Sie Ihren Führerschein dann endlich in Händen hielten und zum erstenmal – alleine – in einem Auto fuhren, mußten Sie sich stark auf das Autofahren konzentrieren, um nicht ein anderes Auto zu rammen oder irgendwo hängenzubleiben. Heute fahren Sie wahrscheinlich mit 100 Kilometern pro Stunde auf der Autobahn, hören dabei Radio, halten in der einen Hand eine Zigarette, kauen Kaugummi, unterhalten sich mit Ihrem Beifahrer – ach ja, und so ganz nebenbei fahren Sie auch noch Auto. Der Prozeß des Autofahrens hat sich durch das ständige Üben, die ständige Betätigung ›automatisiert‹.

Dieser Automatisierungseffekt begegnet uns immer wieder. Die Ursache dafür liegt im Unterbewußtsein verborgen (zu dem wir noch kommen werden). Entscheidend ist jedoch, daß Ihnen folgendes bewußt ist: Jede Tätigkeit wird durch Betätigung automatisiert. Sie können eine Tätigkeit dann schneller, besser, leichter, sicherer, mit weniger Zeit- und Kraftaufwand vollbringen. Vielleicht haben Sie einmal Stenographie oder Schreibmaschinenschreiben gelernt. Mühevoll suchten Sie am Anfang, mit großer Konzentration, die richtigen Tasten auf Ihrer Maschine. Nur langsam schrieben Sie zu Beginn Ihres Lernprozesses einen Text ab. Doch je länger und je häufiger Sie sich damit beschäftigten, desto leichter ging Ihnen die Tätigkeit von der Hand. Einige Menschen können so gut und schnell Schreibmaschine schreiben, daß sie sich an der Weltmeisterschaft im Maschinensehreiben beteiligen und dort geradezu unglaubliche Leistungen vollbringen. Auch dies ist wieder ein Beispiel für den Automatisierungseffekt.

Alles im Leben ist zu lernen. Wir haben gelernt, zu sprechen und zu laufen. Wir haben gelernt, zu schreiben, zu lesen und zu rechnen. Einige Leser haben vielleicht Tennis gelernt, andere Skifahren oder Surfen. Wieder andere haben gelernt, ein Musikinstrument zuspielen. Doch entscheidend ist, daß Sie verstehen:

Alles im Leben ist zu erlernen!

Damit behaupte ich allerdings nicht, daß Sie in jedem Bereich Spitzenklasse werden können. Denn zum Lernen und zum anschließenden ständigen Üben kommen natürlich noch das *Talent, die Begabung, die genetische Vererbung hinzu.* Ein kleiner Mensch mit 1,65 Meter Körpergröße kann bei noch soviel Training wohl kaum Olympiasieger im Hochsprung werden. Doch eines kann er mit Sicherheit erreichen: Durch ständiges Üben, durch ständiges Trainieren wird er seine eigene Bestleistung ständig verbessern und steigern können. Und das ist der Sinn des Erfolgs: Es ist nicht wichtig, der erste zu sein, Sieger zu sein und andere Menschen damit zu Besiegten zu degradieren. Wichtig alleine ist, daß Sie Ihr Bestes geben!
Wer aufhört besser zu werden, hört auf, gut zu sein.
Es gibt zahlreiche Beispiele dafür, daß hochtalentierte Menschen in ihrem Bereich erfolglos blieben, weil sie es nie gelernt hatten, durch Disziplin und Willen das dafür notwendige Training, die erforderliche Konzentration für dieses eine Ziel aufzubringen. Wir erleben es im Sport immer wieder, daß die Menschen auf dem Siegerpodest oft ein geringeres Talent besitzen als die Viert- oder Fünftplazierten, doch durch ihren eisernen Willen, ihre Selbstdisziplin, durch enormen Trainingsfleiß zogen sie an den Begabteren vorbei. Das beste Talent, die stärkste Begabung nützt nichts, wenn Sie sich darauf nicht konzentrieren und ständig üben.
In meinen Seminaren stelle ich oft die Frage, ob unter den Teilnehmern eine Person ist, die einmal Leistungssport betrieben hat. Es ist fast immer jemand anwesend, den ich dann danach frage, welche Erfolge er errungen hat. Ich hatte schon viele regionale Meister, deutsche Meister, aber auch Weltmeister und Weltrekordler in meinen Seminaren zu Gast. Ich fragte sie dann, seit wie vielen Jahren sie trainierten und wie viele Stunden sie pro Tag opferten, bis sich erste größere Erfolge einstellten. Oftmals waren zehn bis fünfzehn Jahre notwendig, von frühester Kindheit an, ehe der Spitzenerfolg dann erzielt wurde. Es waren also nicht selten zehntausend und mehr Stunden des Trainierens und Übens notwendig, um das vorhandene Talent zur Entfaltung zu bringen. Und dies ist eine der zentralen Faktoren für den Erfolg:

Jedes Talent entfaltet sich nur durch Betätigung!

Einer meiner regelmäßigen Seminarteilnehmer, Helmut Huber, ist Weltmeister in der Hundedressur. Um dieses Ziel zu erreichen, vor 30 000 Zuschauern den Erfolg zu ernten, mußte er viele Jahre täglich vier bis fünf Stunden mit seinem Schäferhund üben – obwohl er ein Tier besaß, das über außergewöhnliche Intelligenz und Gelehrigkeit verfügte.
Sie können noch so begabt für Tennis sein: Wenn Sie nicht in der Woche mehrmals üben, werden Sie vielleicht ins Halbfinale der Vereinsmeisterschaft vorstoßen – ein Spitzenspieler werden Sie nie! Sie haben vielleicht ein besonderes Verkaufstalent geerbt – doch wenn Sie nicht regelmäßig das Verkaufen üben, in Seminaren, Rollenspielen und in der Praxis, werden Sie niemals ein Spitzenverkäufer!
Wenn aber alles im Leben zu lernen ist, Klavierspielen, Tennisspielen, Verkaufen, Buchführung usw. – dann muß es auch möglich sein zu lernen, mit Menschen umzugehen, erfolgreich zu sein und ein glückliches Leben zu führen.
Wir haben in Deutschland eine der längsten Schulausbildungen der Welt. Wir lernen nicht nur Lesen, Schreiben, Rechnen, sondern auch Naturwissenschaften, Geisteswissenschaften, lernen Kunst und Musik und vieles mehr, doch positives Denken, erfolgreich zu sein, mit Menschen (und uns selbst) gut umzugehen – das lernen wir nicht!
Doch an der Vergangenheit können wir nichts ändern. Was wir jedoch ändern können, das ist unser eigenes Leben, unser eigenes Verhalten. Ich hatte bereits erwähnt, daß Fleiß alleine kein Grund für Erfolg ist, ja, daß Fleiß ohne Nachdenken, ohne ein Ziel, ohne einen Sinn im Leben, verpufft. Dennoch – und dies ist kein Widerspruch – sind Fleiß, Disziplin, Ausdauer und Geduld wesentliche Faktoren für den Erfolg. Sie besitzen ein Ziel? Sie sind in der Lage, sich auf das eine Ziel zu konzentrieren? Prima, doch wenn Sie sich nun in diesem Feld nicht ständig betätigen, wenn Sie es nicht trainieren, werden Sie ebenfalls aller Wahrscheinlichkeit nach erfolglos bleiben.

Sie haben sich bereits darüber Gedanken gemacht, was Ihr Ziel ist. Ihrem Ziel soll eine Aufgabe zugrunde liegen, die den Menschen Nutzen bringt. Sie haben sich überlegt, was Ihre Stärken sind, also was Sie gerne tun, und das, was Sie gerne tun, ist mit Sicherheit auch talentbedingt. Ich habe bei einem meiner Seminare den Inhaber eines Elektrogeschäftes kennengelernt, der diesen Betrieb einige Monate zuvor von seinem verstorbenen Vater übernommen hatte. Er machte während des Seminars einen stillen, introvertierten Eindruck. Am Abend des zweiten Seminartags kam das Gespräch bei einem Glas Bier dann auf die Hobbys der Seminarteilnehmer. Er begann zu erzählen, daß er sehr gerne tanzt und mit seiner Tanzpartnerin bereits etliche Pokale gewonnen hat. Während er von seinem Hobby und seinen Erfolgen erzählte, spürte ich seine Leidenschaft und die überschäumende Begeisterung. Aus diesem introvertierten, eher schüchternen Menschen wurde ein extrovertierter, begeisterter Erzähler, der die anderen Seminarteilnehmer in seinen Bann zog. Ich erklärte dem Teilnehmer dann am Ende des Seminars in einem vertraulichen Gespräch, daß ich der Meinung sei, er habe sich für ein falsches Ziel (Weiterführung des elterlichen Geschäfts) entschieden. Seine Leidenschaft sei das Tanzen, und hier würde er sicherlich großartige Erfolge erzielen können. Ein weiteres Merkmal, an dem man erkennt, ob ein Mensch von seiner ›Berufung‹ spricht, ist die Begeisterung, die aus ihm hervorquillt. Wer von ›seinem Interesse‹ erzählt, benötigt keine rhetorischen Mittel, keine trainierten Floskeln – er wird begeistert und mitreißend erzählen. Die Zuhörer werden fasziniert an seinen Lippen kleben, und sie werden all seinen Ausführungen folgen können.

Der Idealzustand ist natürlich der, wenn sich ein Mensch ein Ziel in einem Bereich festgelegt hat, in dem auch seine Begabung zum Tragen kommt, und er in der Lage ist, sich darauf zu konzentrieren, genügend Disziplin aufzubringen, immer wieder zu üben und zu wiederholen. Ein Mensch, der seine Berufung als Tätigkeit vollbringt, der kennt keinen Feierabend, der kennt keine Überlastung, der kennt keine negativen Gefühle in Verbindung mit seiner Tätigkeit. Dieser Mensch wird täglich aufwachen und eine überschäumende Energie und einen mitreißenden Tatendrang verspüren. Doch bitte denken Sie immer daran, daß noch wichtiger als Talent die Betätigung, das Üben ist. Wer weiß schon, wie viele Stunden ein Enrico Caruso, ein Boris Becker, ein Michael Schumacher, ein Pablo Picasso, ein Herbert von Karajan übten und trainierten, bis sie dann den Erfolg ernteten?

Können ist Üben!

Das Problem vieler Menschen besteht jedoch darin, daß sie nicht die nötige Disziplin aufbringen, sich wirklich auf eine einzige Sache in ihrem Leben zu konzentrieren. Konzentration bedeutet – vordergründig betrachtet – Eintönigkeit, Langeweile, wenig Abwechslung. Zumindestens glauben das viele Menschen. Deshalb sind sie ständig auf der Suche nach etwas Neuem, ständig auf der Suche nach Abwechslung – und merken dabei nicht, daß das Neue meist dann seinen Reiz verliert, wenn sie es kennengelernt haben. Disziplin ist jedoch eine der Aufgaben, die wir in diesem Leben auf der Erde lernen sollten. Ein Sportler muß in der Lage sein, sich diszipliniert zu verhalten, wenn er erfolgreich sein will. Er muß sein Trainingsprogramm auch dann absolvieren, wenn er einmal keine so große Lust verspürt. Ein professioneller Sportler muß darüber hinaus seinen gesamten Lebensablauf auf seinen Sport einstellen. Er muß seine Ernährung auf seinen Sport abstimmen, muß genügend Ruhe und Erholung in seinen Ablauf einplanen, muß sich mental auf seine Sportart einstimmen usw. Nun, wer schon einmal selber Leistungssport betrieben hat, kann nachempfinden, was es bedeutet, sich täglich zu seinem Trainingsprogramm aufzuraffen. Kein Training auslassen, immer wieder den ›inneren Schweinehund‹ überwinden, sich im Urlaub noch zu seinen Übungen motivieren usw. – um solch eine Disziplin aufzubringen, bedarf es eines großen Willens. Und der Wille ist es, der darüber entscheidet, ob wir die Disziplin aufbringen, uns auf unser großes Ziel zu konzentrieren, und zwar nicht nur für eine kurze Zeit, sondern dauerhaft, für ein ganzes Leben. Die Disziplin ist Grundvoraussetzung dafür, damit Sie auch unangenehme Dinge

bei Ihrer Tätigkeit aushalten können. Denn machen wir uns nichts vor: Egal, welchen Erfolg Sie ernten werden, es wird immer auch unangenehme Seiten in Ihrem Leben geben. Und je erfolgreicher Sie sind, desto größer sind möglicherweise die Probleme und auch die vorübergehenden Mißerfolge. Die Disziplin ist es, die verantwortlich dafür ist, auch diese Dinge zu überstehen.
Sie werden im Laufe dieses Buches noch einige Aufgaben finden, deren tägliche Durchführung Ihnen helfen, Ihre Persönlichkeit schneller und stärker zu entfalten. Es wird Sie viel Disziplin kosten, diese Übungen auf Dauer durchzuführen, Viele Menschen probieren einmal einige Tage etwas aus, nur um dann den Versuch wieder abzubrechen. Menschen möchten schlanker sein, um besser auszusehen, und beginnen eine Diät. Doch bereits wenige Tage später brechen sie die Diät wieder ab, nehmen anschließend nicht nur das verlorene Gewicht, sondern darüber hinaus noch einige zusätzliche Pfunde wieder zu, nur weil sie nicht die erforderliche Disziplin aufgebracht haben, um die Ernährung dauerhaft umzustellen.
Oder es beschließt jemand, etwas für seine Gesundheit zu tun. Er beginnt ein sportliches Trainingsprogramm, quält sich vier oder fünf Tage morgens aus dem Bett, absolviert im Park seinen Dauerlauf oder absolviert ein Trainingsprogramm in einem Fitneß-Studio – doch bereits nach kurzer Zeit siegt seine Bequemlichkeit, und er findet nicht die nötige Disziplin, um sein Trainingsprogramm dauerhaft aufrechtzuerhalten. Und so ist es mit vielen Dingen im Leben: Es ist nicht das Problem des Menschen, daß ihn etwas interessiert und daß er sich für etwas begeistern könnte. Nein, das größte Problem besteht darin, die Begeisterung und Motivation dauerhaft aufrechtzuerhalten. Nur 10 Prozent aller Menschen, die Gewinner des Lebens, bringen den Willen auf, diese Disziplin in ihrem Leben anzuwenden. Kein Sportler, kein Künstler, kein Unternehmer wäre ohne Disziplin erfolgreich geworden.

Disziplin ist der Preis, den Sie für Ihren Erfolg zahlen müssen!

Leitthesen zu 5.5:

1. Wir sind das, was wir wiederholt tun!
2. Durch die Wiederholung tritt der Automatisierungseffekt in Kraft!
3. Alles im Leben ist erlernbar!
4. Jedes Talent entfaltet sich nur durch Betätigung!
5. Können ist Üben!

5.6 Der Erfolgsplan

Auch die längste Reise beginnt mit dem ersten Schritt!

Die ersten fünf Stufen sind der Erfolgsplan. Ein Plan, der bereits Tausenden von Menschen zum Erfolg verholfen hat. Doch der ganze Plan ist reine Theorie, wenn Sie ihn nicht in die Tat umsetzen. Es funktioniert – dafür gibt es viele, viele Beispiele -, aber umsetzen müssen Sie den Plan selbst.

Aufgabe
↓
Ziel
↓
Glaube
↓
Konzentration
↓
Wiederholung

Vielleicht haben Sie jetzt Ihr großes Ziel gefunden. Vielleicht aber macht Ihnen dieses große Ziel auch angst, da Sie zum heutigen Zeitpunkt noch so weit davon entfernt sind. Vielleicht ist die Angst so groß, daß sie Sie lähmt und Sie sich selbst sagen, es hat ja doch keinen Wert, Wünsche sind schön, doch wie soll ich dieses Ziel jemals erreichen?

Derselbe Mann, der den Berg abtrug, hatte damit begonnen, einen Stein wegzutragen

Aller Anfang ist schwer. Jede Reise beginnt mit dem ersten Schritt. Und jeder Schritt, den Sie gehen, bringt Sie Ihrem Ziel näher. Auf dem Weg zur Erreichung Ihres Zieles lauern immer wieder Barrieren und Hindernisse. Sie werden immer wieder den einen oder anderen Mißerfolg erleiden, der Sie wieder ein klein wenig von Ihrem Ziel entfernt. Doch sehen Sie immer nach oben, sehen Sie immer auf Ihren Fixstern.

Ich wünsche mir, daß Sie den Mut hatten, sich ein solch großes Ziel festzulegen, das Sie hoffentlich nie erreichen werden. Denn Ihr Glück finden Sie nicht am Gipfel, Ihr Glück finden Sie beim Aufstieg. Jede erfolgreich überwundene Klippe bedeutet Glück. Jeder gewonnene Freund auf diesem Weg gibt Ihnen Sicherheit. Jeder Nutzen, den Sie auf dem Weg zum Erfolg anderen geben, macht Sie selbst glücklich. Es ist nicht wichtig, das Ziel zu erreichen. Wichtig alleine ist, etwas zu haben, das Ihnen Sinn für Ihr Leben gibt, das Ihnen die Richtung weist. Sollten Sie auf dem Weg feststellen, daß Ihr Ziel nicht mehr mit Ihren Wert- oder Moralvorstellungen übereinstimmt, dann suchen Sie sich ein neues Ziel. Sie sind nie zu alt, zu jung, zu arm dafür.

Im Juli 1994 veranstaltete ich ein Seminar in London. Ich hatte London zwar bereits früher besucht, doch war es mir nie gelungen, mir die Zeit für Madame Tussauds Wachsfigurenkabinett zu nehmen. Doch diesmal besuchte ich diese faszinierende Einrichtung. Als ich an der Kasse bezahlt hatte und in die erste Halle des Kabinetts eintrat, stand dort gleich am Anfang eine Wachsfigur im Mittelpunkt. Sie wurde von einem Scheinwerfer angestrahlt, und das Unternehmen hatte einen Fotografen abgestellt, der dafür zuständig war, jeden Besucher zusammen mit dieser Figur zu fotografieren. Am Ende des Besuchs konnte man dann die Fotos am Ausgang erwerben. Unter allen berühmten Persönlichkeiten der Geschichte gab es also zu diesem Zeitpunkt eine Person, die unter allen herausragte: *Arnold Schwarzenegger*.

Ich kann mir nun gut vorstellen, wie einige Leser die Augen verdrehen, wie sie schmunzeln und wie sofort aus dem Unterbewußtsein der Satz kommt: »Was, dieser Muskelprotz mit Spatzenhirn?« Doch Arnold Schwarzenegger ist für mich einer der faszinierendsten, erfolgreichsten Persönlichkeiten der Geschichte. Er wurde in Österreich in der Nähe von Graz geboren und stammt aus relativ einfachen Verhältnissen. Mit fünfzehn Jahren begann er, Bodybuilding zu betreiben. Von Anfang an wußte er bereits, er würde einmal der beste Bodybuilder der Welt sein und dann in die USA gehen, um Schauspieler zu werden. Viele Angehörige und Freunde redeten ihm zu und versuchten, ihn vom Bodybuilding abzubringen.

Zum damaligen Zeitpunkt war Bodybuilding einer der negativsten Sportarten, die es gab, und diejenigen, die diesen Sport ausübten, wurden als ›Verrückte‹ und ›Spinner‹, bezeichnet. Doch wie so viele andere Spinner (Charles Lindbergh, Wernher von Braun, Heinrich Schliemann, Dr. Robert Koch usw.), ließ er sich davon nicht abbringen. Er hatte ein Ziel und eine Aufgabe, die dahinterstand (er wollte das Bodybuilding weltweit populär machen und überall Sportstudios eröffnen).

Arnold Schwarzenegger konzentrierte sich ausschließlich auf sein Training. Das nächste Sportstudio war zwölf Kilometer von seinem Wohnort entfernt, und täglich fuhr er diese Strecke mit dem Rad oder lief sie zu Fuß. Jeden Tag trainierte er vier bis fünf Stunden, und bereits im Alter von achtzehn Jahren gewann er die ersten Meisterschaften. Im Geiste jedoch sah er sich bereits zu Beginn seines Trainings ganz deutlich auf dem Siegerpodest stehen. (Erinnern Sie sich noch an die Imagination Ihres Zieles?) Während seiner Militärzeit verließ er unerlaubt die Kaserne, um an einem Wettkampf in Deutschland teilzunehmen. Nach seiner Rückkehr wurde er erwischt und für eine Woche unter Arrest gestellt. 1966 siedelte er im Alter von neunzehn Jahren nach München um, wo er eine Stelle als Trainer in einem Sportstudio annahm. 1969 wanderte er, ohne Mittel, ohne zu wissen, was auf ihn zukam, nach Los Angeles in die USA aus. Von 1970 bis 1975 blieb er dann in seiner Sportart ungeschlagen und gewann sechsmal die höchste Trophäe, die es im Bodybuilding zu gewinnen gibt: den Mister-Olympia-Titel. Bereits während seiner aktiven

Sportlaufbahn hatte er durch Werbeverträge sowie Grundstücks- und Immobiliengeschäfte genügend Mittel verdient, um sich ein gesichertes Leben leisten zu können.

Als für Arnold Schwarzenegger abzusehen war, daß er der größte Bodybuilder aller Zeiten sein würde, nahm er sein nächstes Ziel in Angriff. Er wollte der erfolgreichste Schauspieler sein. 1970 drehte er den Film ›Hercules in New York‹. Der Film erhielt fürchterliche Kritiken, und viele sahen sich bestätigt, daß ein Bodybuilder vielleicht große Muskeln hat, aber anscheinend wenig Hirn und noch weniger Talent für die Schauspielerei. Doch Arnold ließ sich nicht entmutigen. Er hatte vielleicht weniger Talent als manch anderer, aber er hatte ein großes Ziel, konzentrierte sich darauf – und er hatte in seinem Sport eine wichtige Disziplin gelernt: üben, üben, üben. Er nahm Ballettunterricht, lernte die englische Sprache noch besser, nahm Sprech- und Schauspielunterricht. Schließlich drehte er 1980 den ersten Conan-Film, der weltweit ein riesiger Erfolg wurde. Was danach folgte, ist allgemein bekannt, und heute erhält Arnold Schwarzenegger für einen einzigen Film bis zu 30 Millionen Mark Gage, heiratete in den Kennedy-Clan ein, wird von der Gesellschaft Amerikas hofiert, gilt als einer der Superstars unter den Schauspielern und engagiert sich sogar politisch. *Das nenne ich, einen Erfolgsplan in die Tat umzusetzen!*

Es gibt viele Menschen, die ich bewundere und die mir als Vorbild dienten, doch Arnold Schwarzenegger ist sicherlich dabei einer der bedeutendsten Menschen für mich. Was er, ohne große Voraussetzungen, aus seinem Leben bisher gemacht hat (und er hat noch einige Jährchen vor sich) ist einzigartig und phantastisch. Bei einem Interview stellte man ihm die Frage, wie man denn eine große und berühmte Persönlichkeit werden würde. Arnold antwortete darauf: »In dir muß einige ›Verrücktheit‹ stekken, die dich dazu antreibt, der Beste sein zu wollen. Dein Geist konzentriert sich darauf, und das einzige, das du möchtest, ist gut zu werden.«

Auf die Frage, ob man denn diese Einstellung auf andere Bereiche des Lebens – außer dem Sport – übertragen könne, antwortete Arnold:

»Es sind immer zwei Schritte zu tun.
1. Schritt: Zunächst mußt du eine Vision davon haben, was du erreichen möchtest. Diese Vision mag verrückt sein oder auch nicht, aber sie hilft uns, sie in die Realität umzusetzen.
Danach folgt der zweite Schritt: Nach der Vision mußt du dir einen Plan machen, wie du sie in der Wirklichkeit – Schritt für Schritt – entstehen lassen willst.
Diese beiden Schritte bedingen einander, um Großes im Leben erreichen zu können. Du kannst nicht jahrelang Jura studieren, um dann eines Tages Doktor der Medizin zu sein. Zuerst mußt du die Vision, das Ziel haben, Mediziner zu werden, dann kannst du dir die Schritte dafür überlegen, wie du dies für dich umsetzen wirst. Der Kapitän eines Schiffes muß zuerst wissen, ob er nach Brasilien oder woanders hinfahren möchte, erst dann leitet er die notwendigen Schritte ein, legt den Kurs fest usw., um letztendlich dann das Ziel zu erreichen.«

Arnold Schwarzenegger ist also ein Paradebeispiel für das Funktionieren unseres Erfolgsplans. Er hatte ein Ziel mit einer klaren Aufgabe, er glaubte daran, bis er schließlich alles im Leben erreichte, was ein Mensch nur erreichen kann. Eine der Sportarten, in der der Erfolgsplan ebenfalls fast identisch umgesetzt wird, ist das Golfen. Sie brauchen das Ziel, Ihr Handicap zu verbessern. Sie müssen daran glauben. Sie konzentrieren sich bei jedem Spiel auf jeden einzelnen Schlag. Sie müssen immer wieder üben, je öfter, desto besser, desto sicherer werden Sie im Golfspiel werden. Vielleicht betreiben deshalb so viele erfolgreiche Menschen das Golfspielen, weil sie unbewußt die Regeln, mit denen sie erfolgreich wurden, auf das Golfspiel übertragen.
Wann beginnen Sie damit, Ihren Erfolgsplan zu erstellen und in die Tat umzusetzen? Es gibt keine Begründung dafür, noch länger zu warten. Wieviel Zeit wollen Sie in Ihrem Leben noch verstreichen lassen, ehe Sie sich über Ihre unendlichen Möglichkeiten Gedanken machen? Menschen mit viel geringerer Begabung, mit viel weniger Intelligenz, mit weniger Beziehungen und schlechterer Ausbildung als Sie haben es Ihnen schon vorgemacht. Nun liegt es an Ihnen, damit zu beginnen!

Wachen Sie auf aus Ihrem Dornröschenschlaf. Große Aufgaben warten auf Sie. Haben Sie den Mut zu großen Taten. Warum sollten Sie weniger Erfolg im Leben haben als viele andere? *Alles ist möglich!* Doch den Weg gehen, den müssen Sie schon selbst. Kolumbus mußte zuerst die bekannten Gewässer verlassen, ehe er Amerika entdecken konnte. Sie haben alle Möglichkeiten, Ihre Erfolgsleiter emporzusteigen – warum laufen Sie nicht los?

Leitthesen zu 5.6:

1. Auch die längste Reise beginnt mit dem ersten Schritt! Beginnen Sie heute, Ihren Erfolgsplan aufzustellen!
2. Vielleicht sind Sie heute noch sehr von Ihrem großen Ziel entfernt. Doch der gleiche Mann, der den Berg abtrug, war derjenige, der begonnen hatte, einen Stein wegzutragen!
3. Zuerst kommt die Vision, das Ziel, dann die Umsetzung. Sie können nicht jahrelang Jura studieren, um dann eines Tages Doktor der Medizin zu sein!

5.7 Das Handeln

Erfolg buchstabiert man: T,U,N!

Sie haben Ihren Erfolgsplan nun also aufgestellt, Sie haben alles getan, was menschenmöglich war – jetzt liegt es an Ihnen, es auch zu tun! Doch hier brechen die meisten Menschen bereits ihre Erfolgsstrategie wieder ab. In der Theorie, in einer ruhigen Stunde, einmal einen Erfolgsplan, eine Strategie zu Papier bringen, das schaffen noch relativ viele, aber sie auch in die Tat umzusetzen, das gelingt nur den wenigsten.

Dies hat mich eine Zeitlang sehr betroffen gemacht, mußte ich doch feststellen, daß nicht alle meine Seminarteilnehmer – über einen längeren Zeitraum hinweg gesehen – auch tatsächlich die Erfolgsstrategie komplett umsetzten (diese dann allerdings mit durchschlagendem Erfolg). Viele meiner Seminarteilnehmer

haben alles im Leben erreicht, was ein Mensch nur erreichen kann – im materiellen wie im ideellen Bereich.
Kennen Sie die Geschichte von ›Paul Pechvogel‹? Seit seiner Schulentlassung betete Paul Pechvogel jeden Tag zu Gott: »Herr, bitte schenke mir einen Lottogewinn!« Das Ganze ging Woche für Woche, Jahr für Jahr. Fünfzig Jahre später betete Paul Pechvogel immer noch. Schließlich hatte der liebe Gott die ›Faxen dicke‹, und eines Nachts rüttelte er Paul Pechvogel unsanft wach: »Paul, ich würde dir ja gerne deinen Wunsch erfüllen, aber gib mir doch bitte eine Chance – *und kaufe dir endlich ein Los!*«
Viele Menschen wünschen sich den Erfolg, sie beten und hoffen, aber sie sind nicht bereit, für ihren Erfolg etwas zu tun. Doch wer nichts tut, kann auch keinen Erfolg erwarten. Jede Wirkung (Erfolg) muß verursacht (durch Handeln) werden. Das Leben ist wie ein Wasserhahn, der geöffnet ist. Es ist alles im Überfluß da. Ständig fließt aus dem Hahn des Lebens der Erfolg. Es kommt nur darauf an, ob Sie eine Badewanne, einen Fingerhut oder gar nichts hinhalten.

Der Weg zur Hölle ist gepflastert mit guten Vorsätzen!

Jeder Mensch, ob erfolgreich oder erfolglos, hat bestimmt ›gute Vorsätze‹, möchte erfolgreich sein. Den Wunsch, erfolgreich zu sein, haben viele – doch nur die wenigsten erreichen ihn. Auch ein Bettler, der in der Gasse um ein paar Pfennig bettelt, möchte eigentlich erfolgreich sein, doch er ist nicht bereit, für seinen Erfolg zu arbeiten, etwas zu tun.
Im März 1995 hielt ich auf einer großen Convention (ca. dreitausend Besucher) in San Francisco einen Vortrag. Natürlich genoß ich auch ein paar Tage in San Francisco, für mich eine der schönsten Städte der Welt. Mein Hotel befand sich direkt in der Innenstadt. Am ersten Tag, als ich durch die Innenstadt schlenderte, wurde ich von sehr vielen Bettlern angehalten, die um ein Almosen baten. Es war erschreckend für mich, wie viele Obdachlose es in San Francisco gab. Doch noch viel erschreckender war für mich: In jedem zweiten Schaufenster der Innenstadt war

ein Schild befestigt mit der Aufschrift: »Hilfe gesucht für Lager, Verkauf oder sonstiges«. Davor saßen dann die Bettler und träumten von einem schöneren Leben. Sie schafften es aber nicht, sich aufzuraffen, um sich um einen der vielen angebotenen Jobs zu bewerben. Nun mag es sein, daß die Jobs, die dort angeboten werden, nur sehr wenig Stundenlohn einbringen. Es mag sein, daß der Bettler sich duschen, rasieren, die Haare schneiden muß und sich etwas Ordentliches anziehen müßte, bevor er sich vorstellt – doch wo steht geschrieben, daß die Erreichung eines Zieles ohne Mühe und ohne Anstrengungen möglich ist?
Es ist nun einmal jeder Mensch für sich selbst verantwortlich, und niemand kann einem Menschen das Handeln abnehmen. Wer diese Tatsache nicht begreift und in seinem Leben umsetzt, wird niemals erfolgreich sein.

Wissen Sie, was Sie unbedingt tun müssen, um erfolgreich zu sein? Sie müssen *überhaupt etwas tun!*

Das Handeln ist jedoch auch für viele Esoteriker ein großes Problem. Sie bewegen sich permanent auf der Denkebene und machen sich Gedanken zu allem und jedem – aber kommen einfach nicht dazu, etwas zu vollbringen. Deshalb seien Sie vorsichtig, nicht auf diese ›falschen‹ Esoteriker hereinzufallen und ihnen zu folgen. Falsche Esoteriker erkennen Sie relativ leicht. Wenn ein Mensch von Esoterik oder von höheren Werten, spricht, aber gleichzeitig sein Äußeres nicht pflegt, sein Auto verrosten läßt und zu Hause vergißt, die Pflanzen zu gießen, dann ist er kein Esoteriker, sondern einfach ein Versager! Einen wahren Esoteriker erkennen Sie daran, daß ihm die Materie zufließt. Zwar wird er die Materie nicht unbedingt anstreben, sie hat eigentlich keine große Bedeutung für ihn, möglicherweise gibt er den Großteil seiner Materie anderen Menschen – was nur dafür sorgt, daß ein Vielfaches von dem, was er abgibt, wieder zu ihm zurückkommt. Wenn Sie also einen Menschen von Erfolg reden hören – dann prüfen Sie nach, ob er selbst auch wirklich erfolgreich ist!

»Hilf dir selbst, dann hilft dir Gott!«
Mittelalterliches Sprichwort

Nicht nur mittelalterliche Sprichwörter, sondern auch die Bibel gibt uns sehr viele gute Ratschläge, die im Prinzip die Erfolgsregeln dieses Buches alle nur bestärken und unterstützen. So steht etwa in der Bibel geschrieben: »An ihren Früchten sollt ihr sie erkennen« (Matthäus 7,16). Kommen Sie ins Handeln. Ich weiß nicht, an was Sie glauben oder ob Sie überhaupt glauben. Doch seien Sie versichert, daß die Schöpfung möchte, daß Sie handeln. Seien Sie ein handelnder Mensch. Achten Sie auch darauf, bei sich selbst und anderen, ob Vorhaben mit den Wörtern »Ich versuche es« oder »Ich probiere es« begonnen werden. Solche Vorhaben implizieren bereits den Mißerfolg.

Die Wörter ›Ich versuche, ich probiere es‹ implizieren bereits den Mißerfolg in sich !

Entweder Sie haben die feste Absicht, etwas zu vollbringen, also es zu tun, oder Sie haben sie nicht. Wenn Sie aber Zweifel besitzen, dann lassen Sie es lieber sein. Die Entscheidung, etwas nicht zu tun, ist immer noch besser als die Entscheidung, etwas zu tun und mit dem Gedanken: »Das klappt ja doch nicht . . .« zu beginnen. Menschen, die mit dem Satz beginnen: »Ich werde es versuchen . . .«, setzen damit eine negative Kettenreaktion in Gang. Sie haben ein negatives Bild vor Augen und glauben nicht an den Erfolg. Sie haben sich jedoch – aus welchen Gründen auch immer – dazu überreden, beeinflussen lassen, ›es‹ zu tun.

Andrew Jackson, der legendäre amerikanische Industriemagnat, sagte einmal: »Nimm dir Zeit nachzudenken, aber wenn die Zeit zum Handeln gekommen ist, hör auf zu denken und handle!«

Alles Nachdenken und Grübeln über eine bevorstehende Aufgabe bringt letztendlich nichts. Niemand kann in die Zukunft sehen. Keiner weiß, was die Entscheidung bringen wird. Große Unternehmen betreiben oft monatelange millionenteure Marktforschungen, ehe sie ein neues Produkt auf den Markt bringen – mit dem Ergebnis, daß die meisten neuen Produkte Flops sind.
Die einzige Möglichkeit, herauszufinden, ob etwas funktioniert oder nicht, ist, ›es‹ zu tun.

Das größte Risiko, das es gibt, ist, *nichts* zu riskieren!

Viele Menschen gehen ihr ganzes Leben kein Risiko ein und beschweren sich dann, daß sie aus ihrem Leben zuwenig gemacht haben. Immer auf Nummer Sicher gehen wollen, ist ein sicherer Faktor für Mißerfolg. Die erfolgreichsten Menschen waren nicht deshalb so erfolgreich, weil sie in langsamen, vorsichtigen, tastenden Schritten vorangegangen sind, sondern weil sie mutig, voller Entschlossenheit ihrem Ziel, ihrem Traum entgegengelaufen sind. Sie haben nicht mehr allzu viele Stunden Zeit in Ihrem Leben – können Sie es sich da leisten, sich in ›Trippelschritten‹ zu entwickeln? Ja, Sie sollen vorher prüfen, abwägen. Holen Sie sich Rat von Menschen ein, die in diesem Bereich bereits über praktische Erfahrung verfügen – aber vertrauen Sie letztendlich Ihrem Gefühl, Ihrem Unterbewußtsein. Ihr Unterbewußtsein weiß ganz genau, was für Sie das richtige ist. Sie sollen nicht blind vorwärts stürmen – aber Sie müssen Entscheidungen treffen.
Vielleicht kennen Sie die Menschen, die ein Restaurant besuchen und für die, sobald sie die Speisekarte studieren, ein wahres Martyrium beginnt: Unfähig, sich für ein Essen zu entscheiden, wird abgewogen, der Kellner, der die Bestellung aufnehmen möchte, wird zweimal wieder weggeschickt, die mit am Tisch sitzenden Personen werden danach gefragt, was sie denn bestellen würden, ehe dann vorsichtig, ängstlich eine Bestellung aufgegeben wird. Dahinter steckt ganz einfach die Angst, sich für das Falsche zu entscheiden. Vielleicht hat diese Person wochenlang darauf

gespart, in dieses teure Restaurant einmal essen zu gehen, sich einmal etwas Gutes zu gönnen – und jetzt besteht die Angst, das falsche Gericht zu bestellen, die Angst, es könnte etwas Besseres geben. Der Mensch bestellt, sein Essen kommt, er verzieht das Gesicht – er hat sich mit an Sicherheit grenzender Wahrscheinlichkeit wirklich das Falsche bestellt! *Gedanken sind Kräfte. Jeder Gedanke hat die Tendenz, sich zu verwirklichen.* Wer aber Gedanken hat, er könnte das Falsche bestellen – der wird das Falsche bestellen, auch wenn er noch so lange abwägt und überlegt. Demgegenüber stehen die Menschen, die in einem Restaurant schnell und sicher ihre Entscheidung treffen und dann auch zufrieden sind über das bestellte Essen.

Der Beamte Peter Müller aus Hamburg hat große Angst, weil er fürchtet, daß die Umweltverschmutzung immer mehr zunimmt. In den Nachrichten hört er immer mehr Neuigkeiten über die Ausweitung des Baumsterbens. Ihm fallen bei seinen Spaziergängen immer mehr beschädigte, kranke und sogar schon abgestorbene Bäume auf. Er ist betrübt, und seine Zukunftsaussichten werden immer pessimistischer. Bäckermeister Ernst Ludwig aus Ruhpolding liebt die Natur. Sein Beruf läßt ihm die Möglichkeit, wunderschöne Spaziergänge am Nachmittag in den Wäldern vorzunehmen. Er erfreut sich an den Bäumen, am Duft der Natur, an der Stille. Jeden Tag pflanzt er einen neuen Baum, um seinen Beitrag zu dieser wunderschönen Natur zu leisten.

Was halten Sie von diesen beiden Menschen? Auf der einen Seite der Pessimist, der über die Probleme jammert, sich Sorgen macht – aber vor lauter negativem Denken eigentlich nichts verändert. Auf der anderen Seite der Optimist, der positiv durch die Welt geht, ohne daß er dabei die Probleme übersieht und alles nur noch ›rosarot‹ betrachten würde. Aufgrund seiner positiven Gedanken und seiner daraus resultierenden Energie kommt er ins Handeln, er tut ›etwas‹ und verändert dadurch positiv seine und unser aller Zukunft. Wir sind nicht auf dieser Welt, um uns Sorgen zu machen, um vor lauter Problemen zu erstarren und in Passivität überzugehen. Wir sollen die Probleme der Welt sehen, aber auch ihre Möglichkeiten, ihre Chancen. *Der positiv denkende Mensch ist ein handelnder Mensch*, der negativ denkende Mensch ein zuschauender.

Unternehmer Karl-Heinz B. aus Düsseldorf hat große Sorgen. Seine Maschinenbaufirma bat in den letzten drei Jahren an Umsatz verloren, und schon längst schreibt er rote Zahlen. Seine Stimmung ist auf dem Tiefpunkt. Obwohl er Kosten in allen Bereichen einspart, die Werbung kürzt, Mitarbeiter entläßt, an der Aus- und Fortbildung spart, kommt er einfach nicht mehr in die Gewinnzone. Genau in diesem Moment erfährt er bei einer Untersuchung von seinem Arzt, daß er ein akutes Magengeschwür hat. Auch in seiner Ehe kriselt es bereits. Karl-Heinz B. läßt sich immer mehr gehen, greift immer öfter zum Alkohol und weiß nicht mehr, was er tun soll. Der Unternehmer Roland M. aus Nürnberg ist ein echter ›Gewinner‹. Allein sein strahlendes Äußeres und sein mitreißendes, begeisterndes Verhalten läßt ihn bei den anderen Menschen sympathisch erscheinen. Vor drei Jahren geriet die Maschinenbaubranche, in der er mit seinem Unternehmen tätig ist, in die Krise. Doch Roland M. ließ sich davon nicht beirren: Er setzte sich mit seinen Mitarbeitern zusammen, und gemeinsam entwarfen sie eine Zukunftsvision ihres Unternehmens. Sie hatten neue Ideen, und sie investierten stärker in das Marketing und die Ausbildung und Qualifizierung aller Mitarbeiter. Durch ihre Innovationsfreudigkeit konnten sie so manchen Auftrag gegen größere Konkurrenz ›an Land ziehen‹, und der Unternehmensgewinn stieg von Jahr zu Jahr. Von Krise keine Spur.
Wie verhalten Sie sich, wenn die äußeren Umstände gegen Sie sprechen? Es liegt an Ihnen, an Ihrem Denken, wie Sie mit schwierigen Zeiten, mit Problemen umgehen. Für den einen ist die Rezession der Untergang – für die anderen ist sie der Beginn eines atemberaubenden Aufstiegs. *Jede Krise hat ihre Chancen* – für den handelnden Menschen. Passivität ist der Beginn jeden Mißerfolgs. Wir sind auf dieser Welt, um zu handeln, um etwas zu bewegen. Viele Esoteriker glauben, sie müßten alles Materielle ablegen und sich nur noch im geistigen und damit meist im passiven Bereich ihres Lebens bewegen. Doch wir sind Materie; unsere Seele hat sich einen Körper gesucht. Die ganze Erde besteht aus Materie – wie können wir da Materie ablehnen, sie als etwas ›Negatives‹ ansehen? Unsere Schöpfung möchte, daß wir handeln, daß wir uns weiterentwickeln, daß wir etwas bewegen.

Dies geht jedoch nur durch Aktivität. Natürlich ist der passive Teil, ist die Entspannung ein wichtiger Bestandteil unseres Lebens. Ausschließliche Aktivität ist ebenso schädlich und unsinnig wie reine Passivität. Anspannung und Entspannung, *Materie und Geist, beides gehört zu unserem Leben.* Und nun führen Sie bitte die nachfolgende Aufgabe durch.
Aufgabe: Legen Sie eine Liste an mit Aufgaben, die Sie schon lange erledigen wollten. Denken Sie dabei auch an Dinge, die Sie einmal angefangen haben – aber nie zu Ende gebracht haben. Also: Was wollten Sie schon seit langem tun? Bitte füllen Sie zunächst einmal nur die linke Spalte aus, in der Sie all diese Aufgaben aufführen!

Was wollte ich schon lange erledigen?	Termin bis:

Eine ganze Menge, nicht wahr? Sicherlich sind viele Dinge darunter, die Ihnen schon seit langem ein schlechtes Gewissen verursacht haben. Am schlimmsten sind die Aufgaben, die Sie einmal angefangen haben, aber nie zu Ende führten. Diese erzeugen ein schlechtes Gefühl, diese erzeugen den negativen Streß, den sogenannten Dis-Streß. Jede Aufgabe, die nicht zu Ende gebracht wird, vernichtet einen Teil Ihrer Lebensenergie. Jede Aufgabe, die zu Ende gebracht wird, baut Ihre Lebensenergie auf. Das Leben ist ein ewiges Wechselspiel von Geben und Nehmen. Doch immer ist es entscheidend, daß Sie erst etwas geben müssen, um dann wieder etwas zu nehmen. Verstanden? Nun, Sie müssen zuerst Ihre Aufgaben erledigen, zu Ende bringen (geben), um von der Schöpfung wieder Energie zu erhalten. Dies ist eines der Geheimnisse erfolgreicher Menschen: Sie nehmen immer nur wenige Aufgaben in Angriff, bringen diese aber dann mit äußerster Disziplin und Konsequenz zu Ende. Durch das *Zu-Ende-Bringen* erhalten Sie einen riesigen Energieschub – Sie füllen nicht nur ihre verbrauchten Energievorräte wieder auf, sondern erhalten darüber hinaus einen Energieüberschuß. Diese gesteigerte Energie benutzen sie dann wieder zur Erledigung der nächsten Aufgaben.

Der erfolglose Mensch dagegen hat viele Wünsche und Träume. Alles interessiert ihn. Alles nimmt er in Angriff – doch nichts bringt er zu Ende. Denken Sie an den Abschnitt über die Konzentration. Nehmen Sie deshalb immer nur eine Aufgabe in Angriff, aber erledigen Sie diese zügig. Das schafft Selbstvertrauen – und die nötige Energie, sich der nächsten Aufgabe zu widmen.

Sie haben in der rechten Spalte der Liste die Möglichkeit, hier Ihre genauen Termine einzutragen, wann die jeweilige Aufgabe erledigt sein soll. Bevor Sie diese Aufgabe durchführen, sollten Sie jedoch nochmals alle einzelnen Vorhaben genauestens überdenken. Wollen Sie die Aufgabe wirklich erledigen? Vielleicht haben sich ja mittlerweile Ihre Ziele geändert, und es ist gar nicht mehr notwendig, sie zu Ende zu bringen. Dann streichen Sie sie aus Ihrer Liste. Oder wie steht es mit Delegation? Vielleicht können Sie j a einige dieser Aufgaben an Dritte delegieren, an Menschen, die vielleicht in diesem Bereich größere Begabungen

besitzen, die diese Aufgabe lieber ausführen (denn wenn Sie diese Aufgabe gerne erledigen würden, dann hätten Sie sie vermutlich auch längst erledigt, nicht wahr?). Die Aufgaben, die Sie delegieren können, delegieren Sie, halten aber bitte ebenfalls einen Termin fest, bis wann sie erledigt sein müssen. Und nun zu den Aufgaben, die Sie erledigen wollen. Greifen Sie sich die drei wichtigsten heraus, und überlegen Sie sich ganz genau – in Abstimmung mit Ihren Terminen in den nächsten Wochen –, bis wann Sie diese erledigt haben wollen. Und dann legen Sie diesen Termin in der Liste fest. Nun greifen Sie jede einzelne Aufgabe heraus, zerlegen Sie in Teilaufgaben, legen hierfür ebenfalls Termine fest und tragen diese ganzen Termine und Aufgaben in Ihren Arbeitsplaner ein. (Ich hoffe, Sie verfügen über ein solches Instrumentarium? Falls nicht, dann sollte es eine Ihrer ersten Aufgaben sein, sich für ein Zeitmanagement-Seminar, etwa z. B. bei Helfrecht, anzumelden.) Vergessen Sie nicht, regelmäßige Kontrolltermine einzufügen, um sich selber ein wenig ›Druck‹ zu machen. So, und nun beginnen Sie bitte, Ihre Ziele umzusetzen.
Na, wie fühlen Sie sich nach dieser Aufgabe? Merken Sie bereits, wie Sie die Energie durchströmt, weil Sie endlich begonnen haben, sich all den aufgeschobenen, unerledigten Dingen zu stellen? Was glauben Sie, werden Sie erst für positive Gefühle haben, wenn Sie dann Aufgabe für Aufgabe erledigt haben und auf dieser Liste abhaken können! Viele dieser Aufgaben sind wahrscheinlich gar nicht so wichtig. Sie hemmen jedoch so lange den Energiefluß und damit die Möglichkeit, entscheidende Ziele zu verwirklichen, solange sie unerledigt sind. Und erst jetzt können Sie zur dritten Aufgabe übergehen, nämlich Ihre Erfolgsstrategie zu verwirklichen. Nun sind Sie an der Reihe und können sich unbelastet, gefüllt mit positiver Energie, an die Umsetzung Ihres Erfolgsplans machen. Haben Sie keine Angst, Entscheidungen zu treffen. Natürlich könnten diese falsch sein. Natürlich könnten sich Ihre Entscheidungen negativ auswirken – doch genauso könnten sie doch auch etwas Positives bringen, oder? Nach dem Gesetz der großen Zahl gehen vier von zehn Vorhaben schief – *aber sechs funktionieren auch!* Es gibt keinen anderen Weg für Sie, als Ihre Erfahrungen im Leben zu machen. Dafür sind wir

auf dieser Welt: um zu lernen, um Erfahrungen zu machen. Da führt kein Weg daran vorbei. Holen Sie Informationen und den Rat und die Erfahrung anderer Menschen ein – obwohl es letztendlich immer an Ihnen liegt, was aus Ihrem Leben wird. Über tausend Unternehmen haben wir bisher beraten. All unser Wissen, all unsere eigenen Erfahrungen geben wir an diese Unternehmen weiter. Die Erfolgsquote ist phantastisch – dennoch gibt es immer einige Unternehmer, die nicht ins Handeln kommen und erfolglos bleiben.

Weisheit ist gelebtes Wissen!

Kommen Sie ins Handeln, und setzen Sie Ihre Ideen um.

Wissen Sie, was Sie tun müssen, um erfolgreich zu sein? Sie müssen überhaupt etwas tun!

Kennen Sie die Geschichte von den zwei Fröschen, die in einen Krug mit flüssiger Sahne gefallen sind? Der eine Frosch ergab sich sofort in sein Schicksal und ertrank. Der andere Frosch kam ins Handeln, strampelte mit den Beinen, stundenlang. Schließlich wurde die Sahne immer fester, wurde zu Butter, so daß er schließlich von alleine wieder aus dem Krug klettern konnte!
Nur die wirklich erfolgreichen Menschen kommen ins Handeln. Gewinner sind Menschen, die handeln. Doch nur 10 Prozent aller Menschen sind Gewinner. Möchten Sie nicht auch zu den Gewinnern gehören? Dann handeln Sie. Wann Sie damit beginnen sollen?

Jetzt!

Denken Sie daran: *Morgen ist nie!* All Ihre wunderbaren Ziele, Ihre Strategien, Ihre Erfolgspläne sind umsonst., wenn Sie diese nicht in die Tat umsetzen.

Verwirklichen Sie Ihre Ziele, denn ohne die Aktivität, ohne das Handeln bleiben Träume dann wirklich nur Schäume. Spüren Sie nicht jetzt schon dieses Brodeln, dieses Feuer der Begeisterung in sich aufsteigen? Merken Sie nicht, welche Energie Sie durchströmt? Dann setzen Sie sie um, verwirklichen Sie Ihre Wünsche. Wenn Sie sich einmal mit der Dialektik (Unterredungskunst) beschäftigen, dann erkennen Sie bei vielen Wörtern Bedeutungen, die wir uns selten bewußtmachen. Und lassen Sie mich dieses Kapitel abschließen mit einem Spruch, der sich vielleicht nicht besonders ›gewählt‹ anhört, der Sie aber aufrütteln, motivieren soll:

Handeln kommt von ›Hand‹ – und nicht von ›Maul‹!

Leitthesen zu 5.7:

1. Erfolg hat drei Buchstaben: T, U, N!
2. In diesem Leben gibt es alles im Überfluß: Erfolg, Glück, materielle Güter; Sie müssen diese Dinge nur auffangen, also ins Handeln kommen!
3. Der Weg zur Hölle ist gepflastert mit guten Vorsätzen. Auch erfolglose Menschen haben gute Vorsätze – nur kommen sie nicht ins Handeln!
4. Der Ausdruck »Ich versuche es« impliziert bereits den Mißerfolg!
5. Alles Nachdenken über die Zukunft ist letztendlich zwecklos, wenn Sie nicht ins Handeln kommen!
6. Das größte Risiko, das es gibt, ist, nichts zu riskieren!
7. Weisheit ist gelebtes Wissen!
8. Handeln kommt von ›Hand‹ – und nicht von ›Maul‹!

Notizen: ______________________________

____

____

____

6. Kapitel

Das Unterbewußtsein

> **»Vorstellungskraft ist wichtiger als Wissen.«**
> *Albert Einstein*

In unseren Tagen wird viel gesprochen über Bewußtsein, Bewußtseinserweiterung, Bewußtseinsentfaltung usw. Doch neben dem Bewußtsein gibt es noch einen weiteren Bereich unseres Geistes, der einen viel größeren Raum in unserem Denken einnimmt, nämlich das Unterbewußtsein. Über dieses Unterbewußtsein wissen die meisten Menschen jedoch sehr wenig. Jeder hat schon einmal davon gehört, doch nur wenige kennen den Aufbau, seine Geheimnisse und wie die Kraft des Unterbewußtseins für den eigenen Erfolg, für die eigene Entfaltung der Persönlichkeit eingesetzt werden kann.

Bevor Sie gleich anschließend erfahren, wie das Unterbewußtsein aufgebaut ist und wie es funktioniert, möchte ich den Lesern, die bisher noch nichts darüber gehört haben und demzufolge vielleicht sogar dessen Existenz bezweifeln, einen unumstößlichen Beweis verschaffen: Wenn Sie kein Unterbewußtsein besitzen würden, dann wären Sie heute morgen nicht mehr aufgewacht! Oder haben Sie etwa während des Schlafens bewußt geatmet, den Schlag Ihres Herzens bewußt sechzig- bis achtzigmal gesteuert, die Funktion Ihrer anderen Organe bewußt beeinflußt usw.?

Ich hoffe, ich konnte Sie mit dieser Einleitung für die folgenden Ausführungen über das Unterbewußtsein sensibilisieren, denn nur wenn Sie bereit sind, die Quintessenz aus dem nun Beschriebenen zu ziehen, werden Sie die unglaublichen Kräfte, die in Ihrem Unterbewußtsein vorhanden sind, auch wirklich für Ihr Leben nutzen können.

6.1 Aufbau und Funktion

> **»Das Gedächtnis ist die Schatzkammer des Lebens!«**
> *Cicero*

Der Österreicher Sigmund Freud, Schöpfer der Psychoanalyse, verglich den menschlichen Geist einmal mit einem Eisberg: Nur etwa ein Siebtel ist sichtbar und ragt aus dem Meer, der weitaus größere Teil aber, sechs Siebtel, sind unter der Oberfläche unsichtbar für den Betrachter verborgen.
Auch der menschliche Geist ist nur zu einem Bruchteil ›sichtbar‹ (bewußt), nämlich nach den neuesten Kenntnissen der Gehirnforschung nur zu maximal 5 bis 10 Prozent der Gesamtkapazität. 90 bis 95 Prozent dagegen sind unsichtbar‹ (unterbewußt). Obwohl dieser Umstand mittlerweile bereits viele Jahrzehnte bekannt ist (schon Albert Einstein prägte den Satz: »Der Mensch nutzt nur zehn Prozent seines geistigen Potentials«), bilden sich immer noch die meisten Menschen ein, sie würden durch ihr bewußtes Denken alles in ihrem Leben beeinflussen können und unter Kontrolle haben. Dem ist jedoch absolut nicht so, wie Sie im Laufe dieses Kapitels noch feststellen werden. Die 90 bis 95 Prozent des Unterbewußtseins (halten wir uns bitte nicht an Prozentzahlen auf, sondern registrieren wir einfach, daß der größte Teil des menschlichen Geistes dem Unterbewußtsein zuzuordnen ist) teilen sich auf in das kollek-

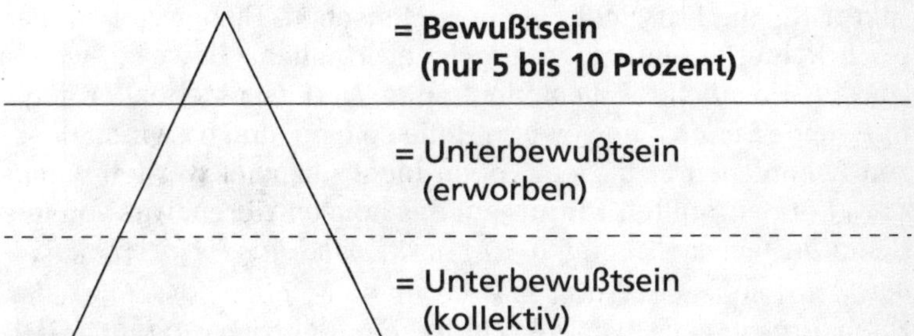

tive Unterbewußtsein, also die Erbanlagen, Talente, der Verbundenheit mit dem Universum und in das **erworbene** Unterbewußtsein.
Obwohl es Milliarden von Menschen auf der Welt gibt, gleicht kein Mensch dem anderen. Selbst eineiige Zwillinge sind nicht hundertprozentig identisch, sondern haben immer noch minimale Unterscheidungsmerkmale. Alle Menschen sind vom Prinzip her gleich, sie haben Hände und Füße, können sprechen, denken – und trotzdem gleicht kein Mensch dem anderen. So wie Menschen sich äußerlich unterscheiden, so unterscheiden sie sich auch von ihrem Wesen her. Jeder Mensch erbt über das kollektive Unterbewußtsein andere Talente und Begabungen. Fest steht nur, daß jeder Mensch bestimmte Talente und Begabungen erbt. Die Kunst im Leben ist also, folgendes herauszufinden: »Wo habe ich meine Begabungen?« Ein sicherer Weg, um den Begabungen und Talenten näherzukommen, ist die Frage: »Was tue ich gerne?« Jeder Mensch erbt nämlich nicht nur ein Talent, sondern eine große Anzahl an Begabungen. Der weitaus wichtigere Faktor ist in diesem Zusammenhang, wie bereits ausführlichst beschrieben, jedoch die Betätigung, das Üben.
Wir wollen uns aber in diesem Kapitel nicht dem kollektiven Unterbewußtsein, der Lehre von der Vererbung widmen, sondern wir möchten uns auf das erworbene Unterbewußtsein konzentrieren. Es gibt im übrigen in der Wissenschaft zwei geteilte Lager: Die einen Wissenschaftler propagieren die Dominanz der Vererbung, das andere Lager wiederum favorisiert die Theorie des erworbenen Unterbewußtseins als Hauptfaktor für die Entwicklung eines Menschen. Bisher gibt es hier noch keinerlei eindeutige, unwiederbringliche Beweise, weder für die eine noch für die andere Seite. Nun, fest steht allerdings, daß beide Seiten eine gewisse Rolle spielen, und da wir an unseren Erbanlagen in diesem Leben nicht allzuviel werden verändern können, sollten wir uns auf das konzentrieren, was von uns beeinflußbar ist, nämlich *auf das erworbene Unterbewußtsein.*
Zunächst einmal ist es wichtig für Sie, daß Sie verstehen, daß alles, was Sie zeitlebens über Ihre Sinnesorgane aufnehmen

(sehen, hören, fühlen, schmecken, tasten), abgespeichert wird und abgespeichert bleibt.

Alles wird und bleibt gespeichert!

Dabei besitzt das Unterbewußtsein keinerlei Filter oder Bewertungskriterien, die auswählen, welche Dinge gespeichert werden und welche nicht. Stellen Sie sich also bitte Ihr Unterbewußtsein wie die Festplatte eines Computers vor. Wenn Sie zur Welt kommen, ist Ihre Festplatte zwar da, mit ungeheuren Speichermöglichkeiten, aber sie ist noch leer. Und nun müssen Sie das Betriebssystem laden, damit Sie anschließend damit arbeiten können. Nur was auf der Festplatte gespeichert ist, kann später aufgerufen werden. Wenn Sie also kein Textverarbeitungsprogramm auf Ihrer Festplatte abgespeichert haben, können Sie später auch keinen Serienbrief schreiben – selbst wenn Sie es wollten! Nun, die Programmierung Ihres Unterbewußtseins erfolgt bewußt und unbewußt. Beschäftigen wir uns im ersten Teil dieses Kapitels mit der unbewußten Programmierung, also mit dem, das von Ihnen nicht bewußt beeinflußt wird.

Die Speicherkapazität Ihres Unterbewußtseins würde – obwohl alles abgespeichert wird - für mindestens 100 000 Jahre reichen.

Nun werden mir vielleicht einige Leser nicht mehr folgen können (Sie werden gleich erfahren, an was das liegt). Deshalb möchte ich Ihnen folgendes Experiment erzählen: In den USA haben Hypnosetherapeuten Kinder im Alter von dreizehn Jahren in den Hypnosezustand versetzt. Dabei wurde festgestellt, daß diese Kinder bereits bis zu 30 000 Tote im Unterbewußtsein abgespeichert hatten und sich unter Hypnose daran wieder erinnern konnten (zur Hypnose kommen wir später, doch soviel vorweg: Hypnose arbeitet im und mit dem Unterbewußtsein).

Deshalb erscheint es höchst bedenklich, wenn die Gewalt in den Medien immer mehr zunimmt und Kinder immer mehr Fernsehen sehen. Wenn alles abgespeichert wird und zeitlebens abgespeichert bleibt, liegt doch die Vermutung nahe, daß dies auch das Wesen und den Charakter von Kindern verändern kann.

Ein weiteres Beispiel: Vielleicht hatten Sie schon einmal einen Autounfall, bei dem Sie den Unfall für den Bruchteil von Sekunden ›kommen sahen‹. Dann werden Sie sich sicherlich erinnern, daß in diesen ein oder zwei Sekunden ein regelrechter Film mit einer Vielzahl von Bildern vor Ihrem ›geistigen Auge‹ ablief.

Sie hatten vielleicht Bilder vor Augen, an die Sie sich seit vielen Jahren nicht mehr bewußt erinnert haben – aber nun waren sie wieder da, und Sie sahen sie wieder. Haben Sie das etwa ›bewußt‹ aus Ihrem Gedächtnis hervorgeholt? Bitte schließen Sie jetzt gleich einmal für 30 Sekunden die Augen, und stellen Sie sich vor, Sie lägen an einem wunderschönen weißen Strand mit Palmen, blauem Meer, blauem Himmel und werden von der warmen Sonne gestreichelt.

Und, konnten Sie sich das vorstellen? Woher, glauben Sie, haben Sie diese Bilder ›geholt‹? Sie sind in Ihrem Unterbewußtsein zeitlebens abgespeichert und können jederzeit abgerufen werden.

Sie sehen also, daß nichts vergessen wird, daß alles abgespeichert bleibt. Ich möchte aber nochmals darauf aufmerksam machen, daß Ihr Unterbewußtsein keinen Filter und keinen Bewertungsmaßstab besitzt. Viele Menschen glauben, sie könnten durch ihr Bewußtsein, durch ihren Verstand nur die Dinge abspeichern, die ihnen wichtig erscheinen. Doch dies ist nicht so. Auch glauben viele Menschen, daß der Wille der entscheidende Faktor ihres Lebens ist. Natürlich ist der Wille wichtig, er spielt eine große Rolle in unserem Leben. *Sie können, was Sie wollen.* Doch stärker als der Wille sind die gespeicherten Programme, ist Ihr Unterbewußtsein.

Vielleicht haben Sie schon einmal schlecht einschlafen können. Haben Sie da nicht mit Ihrem Willen ganz bewußt gesagt: »Ich will einschlafen, ich will einschlafen...«? Doch Ihr Unterbewußtsein gab einen anderen Befehl! Aus irgendwelchen Gründen (Sorgen, Probleme, Erwartungen, Aufgeregtheit usw.) ließ Sie Ihr Unterbewußtsein nicht zur Ruhe kommen. Oder haben Sie vielleicht schon einmal eine Rede halten müssen? Wollten Sie da nicht unbedingt selbstsicher, die Ruhe selbst, vor das Publikum treten? Und war es nicht so gewesen, daß Ihre Stimme viel unsicherer als sonst klang, daß Ihre Knie ›Beifall klatschten‹, Ihre Hände feucht wurden oder die Röte der Aufgeregtheit in Ihr Gesicht schoß? Auch hier wollten Sie, aber Ihr Unterbewußtsein gab einen anderen Befehl...

Sie können Ihr Unterbewußtsein auch mit einem riesigen, nicht enden wollenden Raum vergleichen, in dem sich unzählige leere Regale befinden. Dieser unendliche Raum, gefüllt mit leeren Aktenregalen, ist Ihr vorhandenes Unterbewußtsein, Ihre leere Festplatte bei Ihrer Geburt. Beginnend mit der Geburt, wird für alles, was Sie über die Sinnesorgane (und über Ihre Gedanken und Gefühle!) aufnehmen, ein Aktenordner angelegt und in das Regal einsortiert. Leider ist es so, daß mit dem Geburtsvorgang bereits die ersten negativen Aktenordner dort eingelagert werden. Der schmerzhafte, in Angst versetzende Geburtsvorgang, die ersten Momente, in denen Sie keine Luft bekommen haben, der Schlag aufs Gesäß, die Kälte – all diese negativen ›Ordner‹ wurden bereits in Ihrem Aktenregal angelegt. Und von da ab macht Ihr Verstand nichts anderes, als mit einer Information, die über die Sinnesorgane aufgenommen wird, blitzschnell in diesen riesigen Raum (Unterbewußtsein) zu rasen, um nachzusehen, ob bereits ein solcher Ordner angelegt ist. Wenn ja, wird diese Information in einem zweiten Ordner gleich daneben abgelegt, und mit einer zustimmenden Antwort (»Diese Information stimmt, sie ist bereits vorhanden«) rast Ihr Verstand wieder in das Bewußtsein und gibt eine entsprechende Antwort nach außen. Verstanden?

Ich gebe Ihnen ein Beispiel: Nehmen Sie bitte jetzt Ihren Stift, und zeichnen Sie in dieses Buch eine Banane. Bitte denken Sie nicht lange über Ihre zeichnerischen Fähigkeiten nach, sondern malen Sie einfach, so gut es geht!

Haben Sie die Banane gezeichnet? Sehr gut. So, und nun zeichnen Sie bitte eine Cherimojah.

Na, wie sieht Ihre Cherimojah aus? Es gibt nun zwei Möglichkeiten: Entweder Sie haben diese Frucht bereits einmal gegessen und kennen sie demnach, dann haben Sie sie auch dementsprechend gezeichnet. In diesem Fall ist Ihr Verstand in den großen Regalraum gerast, hat den Ordner mit der Aufschrift ›Cherimojah‹ gefunden, kurz hineingesehen, dann einen zweiten Aktenordner, nochmals mit der ›Cherimojah‹, dazugestellt (denn jede Information wird wieder aufs neue abgespeichert) und ist mit dieser Information wieder in Ihr Bewußtsein zurückgekehrt, damit Sie nun die Cherimojah zeichnen konnten. Dies alles läuft immer in einer rasenden Geschwindigkeit, in Sekundenbruchteilen ab. Die zweite Möglichkeit: Ihr Verstand ist sofort in Ihren Regalraum gerast, hat verzweifelt nach dem Ordner mit der Aufschrift ›Cherimojah‹ gesucht, diesen nicht gefunden, ist demnach wieder zurückgerast und hat gemeldet: Keine Ahnung, gibt es wahrscheinlich gar nicht, kenne ich nicht. Auf jeden Fall konnten Sie sie nicht zeichnen! Nun möchte ich mit Ihnen eine weitere Übung durchführen.

Aufgabe: Sie finden gleich anschließend vier Sammelbegriffe. Wie Sie es vielleicht schon einmal im Fernsehen bei einem Psychotest gesehen haben, sollten Sie einfach das Wort lesen und spontan – *ohne auch nur eine Sekunde darüber nachzudenken* – den Begriff danebenschreiben, der Ihnen zu diesem Wort zuerst einfällt. Sie benötigen dazu also einen Stift und den festen Willen, *wirklich unverzüglich* und schnell den Begriff zu schreiben, der Ihnen einfällt. Alles klar? Bitte lesen Sie nicht weiter, sondern führen Sie erst diese Aufgabe durch. Lesen Sie dann die Lösung auf Seite 146, ehe Sie im Text fortfahren.

Eine Farbe	
Eine Blume	
Ein Musikinstrument	
Ein Werkzeug	

Haben Sie die Übung durchgeführt? Gut, dann schlagen Sie bitte die Seite 146 auf, denn dort steht die Lösung. Vergleichen Sie bitte die Lösung, und kehren Sie dann wieder an diese Textstelle zurück. Überrascht? 90 Prozent der Menschen antworten mit diesen vier Begriffen. Nun weiß ich nicht, welche Ihrer

Begriffe mit meinen übereinstimmen. Habe ich zwei, drei oder sogar alle vier Begriffe richtig vorausgesagt? Nun, es kommt natürlich darauf an, was in Ihrem ›Regalraum‹ an ›Aktenordner‹ gespeichert ist. Sollten Sie zum Beispiel bisher in Ihrem Leben sehr viel mit einem Schraubenzieher gearbeitet haben, so haben Sie natürlich ›Schraubenzieher‹ geschrieben. Hatten Sie einmal einen Partner (ich gehe jetzt von einer weiblichen Leserin aus), der Ihnen immer wunderschöne Orchideen geschenkt hat, dann haben sich diese Erlebnisse vielleicht so tief und fest eingegraben, daß Sie bei Blume ›Orchidee‹ angegeben haben. Doch sicherlich habe ich den größten Teil richtig vorausgesagt – und bei 95 Prozent der Leser sogar alle vier Begriffe. Ist dies nicht erstaunlich?

Also nochmals: Alles wird und bleibt gespeichert. Natürlich ist es ein Unterschied, welche Intensität eine Sinneswahrnehmung hat. Wenn etwa ein kleines Kind, trotz Warnungen der Mutter, einmal mit der Hand auf die heiße Herdplatte langt und sich die Finger verbrennt, dann wird dies eine so starke Speicherung hervorrufen, daß diese eine Wahrnehmung ausreichend ist, um von da an lebenslang nicht mehr vergessen zu werden. Jedes Kind langt einmal auf eine heiße Herdplatte (oder an einen heißen Ofen) – und von dort an vergißt es dieses Erlebnis nie mehr. War es nicht bei Ihnen genauso? Nun, die Begründung hierfür ist ganz einfach: Je stärker die Gefühle sind, die bei einer Speicherung hervorgerufen werden, desto mehr ›Aktenordner‹ werden angelegt. Die Wissenschaft spricht dann von sogenannten ›Engrammen‹, also winzigen Eiweißmolekülen im Gehirn.

Die Kraft der Speicherung ist abhängig von der Intensität und den Wiederholungen der Speicherungen!

Es werden also nicht nur die reinen ›Facts‹ als Ordner angelegt, sondern auch die begleitenden Gefühle und sonstigen Sinneseindrücke. Beispiel: Bei Banane haben Sie die Erfahrung gemacht, daß diese süß und wohlschmeckend ist. Bei Schlagsahne wahrscheinlich genau die gleiche. Sollten Sie aber schon einmal Rasiercreme gekostet haben, dann haben Sie ›bitter‹ und ›schmeckt nicht‹ programmiert. Jedes Wort hat also eine bestimmte Bedeutung und löst entsprechende Reaktionen bei Ihnen aus. Hören Sie das Wort ›Banane‹, so rast Ihr Verstand in den Regalraum, sucht den Ordner (in diesem Fall wahrscheinlich viele Ordner) mit der Aufschrift Banane, liest darin, daß Bananen immer süß, wohlschmeckend und angenehm sind und kommt damit zurück in Ihr Bewußtsein. Dies führt dann oft zu einer regelrechten ›Dressur‹. Sie laufen beispielsweise auf eine Ampel zu, die wenige Meter, bevor Sie sie erreichen, auf Rot springt. Sie stoppen nun Ihren Gang und bleiben (in der Regel) stehen. Dies ist ein ›bedingter Reflex‹, einer erfolgreich beendeten ›Dressur‹. Jede ›Dressur‹ wird in der Fachwelt auch als Konditionierungsprozeß bezeichnet und geht zurück auf die inzwischen berühmten Studien des russischen Forschers Pawlow. Pawlow hatte Schäferhunde im Labor getestet und stellte fest, daß sich bei diesen der Speichelfluß verstärkte, wenn sie ihre Mahlzeiten sahen. Nun klingelte Pawlow jedesmal mit einer Glocke, wenn das Fleisch hereingebracht wurde, und bald begannen die Hunde bereits Speichel abzusondern, wenn Sie die Glocke hörten – auch wenn kein Fleisch gebracht wurde. Somit hatte die Glocke die Bedeutung von Fleisch erhalten. Die Glocke wirkte also als Signal und löste den gleichen Reflex wie das Fleisch selbst aus.

Wenn Sie einen Hund besitzen, dann können Sie diese Konditionierungen sehr schön beobachten. Mein treuer Hausfreund ›Gino‹, führt mir täglich vor Augen, wie stark sein Unterbewußtsein sein Verhalten prägt. So fällt sein Weltbild völlig zusammen, wenn bei den Nachbarn die Mülltonnen einmal nicht genau an der Stelle stehen, an der sie sich normalerweise befinden, sondern vielleicht zwei Meter weiter. Dann erinnere ich mich, wie er in Panik ausbrach, als er sich die ersten Male auf einem Bahnhof befand. Diese Situation kannte er nicht, und sie sorgte bei ihm für »Unwohlsein« (diese Reaktion zeigen wir Menschen ebenfalls, wozu wir allerdings gleich kommen werden).

Lösung der Aufgabe von Seite 143:

Farbe	Rot
Blume	Rose
Musikinstrument	Geige
Werkzeug	Hammer

Ich möchte noch ein Beispiel meiner Kollegin Vera Birkenbihl aufgreifen, das ich einmal von ihr hörte.
Ein kleines Mädchen macht Hausaufgaben in seinem Zimmer. Dabei singt es fröhlich ein Lied. Die Mutter sitzt im Wohnzimmer, liest eine Zeitschrift, und durch die geöffnete Tür hört sie, wie ihr Kind das Lied singt. Sie ruft hinüber: »Du, Susanne, ich denke, du machst Hausaufgaben?« Das Kind wurde bereits früher einmal konditioniert, versteht diesen ›Wink‹ und beendet sein Singen. Gleichzeitig aber wurde bereits eine neue Konditionierung bei ihm angelegt, nämlich daß Arbeit und Pflicht nicht mit Vergnügen, Spaß und Freude zu verbinden sind. Eine oftmalige Anlegung solcher ›Ordner‹ sorgen dafür, daß bei einem solchen Kind die Freude am Lernen, die Freude an der Arbeit vergehen wird und sich möglicherweise noch viele Jahre später negativ auswirkt.
Ich möchte nun nochmals einen kleinen Test mit Ihnen durchführen.

Aufgabe: Eigentlich besteht dieser Test aus zwei Aufgaben. Bei jeder Aufgabe haben Sie maximal 20 Sekunden Zeit. Die erste Aufgabe besteht darin, daß Sie nun in diesen ersten 20 Sekunden sooft wie möglich Ihre Unterschrift auf das Papier bringen. Unterschreiben Sie so, wie Sie sonst auch unterschreiben, allerdings möglichst schnell. Alles klar?

So, und nun bitte keine langen Pausen einlegen, sondern bitte gleich den zweiten Test durchführen. Wechseln Sie nun den Stift in die andere Hand. Sie haben wieder 20 Sekunden Zeit, und bitte unterschreiben Sie wieder sooft wie möglich:

In meinen Seminaren herrscht bei diesem Test immer großes Vergnügen. Beim ersten Teil der Aufgabe läuft eigentlich alles kultiviert ab. Die Seminarteilnehmer – je nach ihrem Charakter – strengen sich an, sind verbissen, sind freudig dabei, aber sie führen die Aufgabe ›normal‹ zu Ende. Wenn ich dann den zweiten Teil der Aufgabe erkläre und zum Wechseln des Stiftes auffordere, bricht bereits das erste Gelächter, die erste Albernheit aus. Und nun bitte ich Sie, sich an Ihre eigenen Gefühle während dieser beiden Aufgaben zu erinnern. Haben Sie auch eine oder mehrere der folgenden Reaktionen – wie bei den meisten Seminarteilnehmern – bei sich bemerkt?

- Ablehnung (»So ein Blödsinn«).
- Skepsis (»Was soll das denn bringen?«).
- Kritik (»Was soll das denn bringen?«).
- Lachen, Albernheit.
- Verweigerung (»So einen Mist mache ich nicht«).

Was ich Ihnen mit diesem Test klarmachen will: Alles, was wir zum erstenmal hören oder tun, sorgt für Unwohlsein, auch wenn das Unwohlsein sich verschiedenartig bei jedem Menschen ausdrückt. Immer dann, wenn also Ihr Bewußtsein im ›Regalraum‹ keine Akte findet, herrscht ein Unwohlsein vor. Und nun überlegen Sie einmal, wie oft Sie sich in Ihrem eigenen Leben ›unwohl‹ gefühlt und dies Ihrer Umwelt auch entsprechend gezeigt haben? Oder wie oft kam es vor, daß Sie Ihre Mitmenschen (Mitarbeiter, Partner usw.) nicht verstanden haben, weil Sie so wie oben beschrieben auf Ihre Vorschläge, Ideen, Neuerungen reagierten?
Die Menschen sind also nicht ›böse‹ oder ›dumm‹, wenn sie Ideen und neue, kreative Dinge ablehnen, sondern oft liegt es einfach daran, daß noch kein Aktenordner angelegt ist. Ein Meister im Umgang mit Menschen wird deshalb nicht gleich mit einer umwerfenden neuen Idee eine Abstimmung herbeiführen, sondern er wird beiläufig, ohne überhaupt etwas bewegen zu wollen, diese neue Idee irgendwann einstreuen. Vielleicht bei einem Bier, vielleicht bei einem Zweiergespräch. Dies wird er dann

immer wieder einmal wiederholen, er wird neue Erkenntnisse und neue Erfahrungswerte einstreuen usw. Im Laufe der Zeit werden auf diese Weise bei den Mitarbeitern bzw. Kunden bzw. Familienmitgliedern die Aktenordner angelegt und in größerer Stückzahl vertreten sein. Oft reicht bereits ein einziger Aktenordner, damit beim zweiten Vorbringen der Idee die Sache bejaht wird. Bei manchen Dingen (vor allem dann, wenn andere Aktenordner dagegensprechen) ist ein mehrmaliges Speichern notwendig. Der Meister in der Kunst der Menschenführung wird also nicht ›mit dem Kopf durch die Wand‹ gehen wollen, sondern er kennt die Geheimnisse der menschlichen Psyche und setzt diese zum Wohle aller Beteiligten ein.

Oft endet ein Besprechungstermin mit Konflikten, weil die Ideen eines Beteiligten strikt abgelehnt wurden, vielleicht sogar ohne darüber zu diskutieren. Wieviel angenehmer dagegen ist es, wenn eine Idee reift, wenn schließlich jeder der Beteiligten das Gefühl hat, die Idee stamme ›von ihm‹! (Ich weiß, daß einige Leser nun der Meinung sind, dies sei ja Manipulation. Stimmt, Sie haben recht. Doch wie viele Ihrer guten Ideen wurden nie umgesetzt, weil Sie diese nicht entsprechend ›verkaufen‹ konnten?)

Man hat einmal einem Angehörigen eines afrikanischen Stammes einen Film über New York gezeigt. Dieser Mensch hatte bis dahin sein Dorf noch nie verlassen, auch gab es dort noch keinerlei Medien und Kommunikationsmittel. Wissen Sie, was das einzige war, das er nach einer Stunde erkannt hatte? Einen Hund im Central-Park! Alles wird also nur dann erkannt, wenn es bereits gespeichert ist.

Wobei es keine Rolle spielt, ob es sich um etwas Negatives oder um etwas Positives handelt – beides wird gespeichert. Sie haben keinen Einfluß darauf, was in Ihr Unterbewußtsein gelangt. Deshalb spielt das Elternhaus, spielen Kindergarten, Schule, Freunde, Nachbarn, später die Firma und der Freundeskreis eine große Rolle dabei, wie sich ein Mensch entwickelt. Ein Mensch, der in den Slums aufwächst und der jeden Tag miterlebt, daß es ›normal‹ ist, sich sein Essen zu klauen, der wird keinerlei Gewissensbisse dabei verspüren. Er hat ausschließlich Aktenordner angelegt, in dem bei ›Klauen‹ enthalten ist, daß es gut, normal und völlig legitim ist.

»Sage mir, mit wem du gehst, und ich sage dir, wer du bist!«
Volksmund

Es ist deshalb sehr schwierig für uns Menschen, uns in solchen Fällen positiv weiterzuentwickeln. Wir sind das Produkt unserer Vergangenheit. Bei einem IET-Seminar trug der Referent Helmut I. Ament ein Beispiel vor, das auf sehr anschauliche Weise zeigt, warum die meisten Menschen zeit ihres Lebens mehr oder weniger von Erfolg nur träumen...
Stellen Sie sich einen großen Eimer vor, in dem eine Kolonie Flöhe angesiedelt ist. Damit die Flöhe nun nicht aus dem Eimer springen können, wird der Eimer mit einer Glasplatte abgedeckt. Man sieht, wie die Flöhe immer wieder in die Höhe springen und sich dabei an der Glasplatte den Kopf anschlagen. Auf die Dauer bekommen die Flöhe davon natürlich heftige Kopfschmerzen. Durch die Summe der negativen Speicherungen gewöhnen sich die Flöhe an, nicht mehr so hoch zu springen, und lassen es irgendwann ganz sein. Nach rund einem Monat hat sich die Sprungfreudigkeit der Flöhe drastisch reduziert – sie springen nur noch etwa halb so hoch wie zu Beginn. Nimmt man dann anschließend die Glasplatte weg, stellt man fest, daß keiner der Flöhe aus dem Eimer springt. Es gibt ja auch schon lange keinen Grund mehr für sie, so hoch zu springen. Nun facht man ein kleines Feuer unter dem (feuerfesten) Eimer an. Derart ›motiviert‹, fangen die Flöhe wieder an zu springen, und zwar auch auf die Gefahr hin, sich den Kopf anzustoßen – und gelangen so wieder in die Freiheit!
Was für die Flöhe gilt, gilt auch für uns Menschen: Wir sind abhängig von unseren Programmen, von unseren Erfahrungen. Unsere Charaktereigenschaften sind deshalb, als Produkt unserer Erziehung, zum größten Teil erworben. Doch läßt sich jeder Charakter, jede Speicherung durch einen Prozeß verändern, der

eine ungeheure Neuprogrammierung auslöst: *die Selbsterkenntnis!*
Vielleicht habe ich ja in diesem Buch den einen oder anderen Selbsterkenntnisprozeß schon bei Ihnen ausgelöst. Deshalb ist es auch möglich, durch ein Buch – oder noch mehr durch ein gut aufgebautes Seminar – eine schlagartige Bewußtseinserweiterung und -entfaltung bei den Teilnehmern zu erzielen. Unser Charakter ist also nicht ein für allemal festgelegt, er ist nicht durch ›göttliche Fügung‹ vererbt, sondern es liegt an uns, ihn zu verändern.

Kein Mensch ist von Natur aus gut oder böse erst sein Denken macht ihn dazu.

Das Problem bei vielen Menschen besteht darin, daß die Gesellschaft zeitlebens negative Suggestionen ins Unterbewußtsein ›einpflanzt‹ und dort tief und fest verankert. Gerade in den ersten Lebensjahren (in denen das Gehirn, der Computerspeicher, noch ›leer‹ ist), geschieht dies, also zu einer Zeit, die für die Entwicklung eines Menschen eine entscheidende Bedeutung besitzt. Viele Eltern wissen gar nicht, was sie ihrem Kind antun, wenn sie negative Suggestionen bei ihrem Kind vornehmen. »Dafür bist du noch zu klein, das kannst du nicht!« Eine solche Suggestion, mehrmals wiederholt, hat zur Folge, daß sich solch ein Kind immer ›zu klein‹ fühlt, um etwas Großes anzupacken.
»Sei vorsichtig, es könnte etwas passieren!« Diese Suggestion wird dafür sorgen, daß wir kein Risiko eingehen wollen. Doch ohne Risiko gibt es keinen Gewinn im Leben. Wir müssen schon bereit sein, etwas zu riskieren, um dadurch etwas gewinnen zu können.
»Schuster, bleib bei deinen Leisten!« Diese und ähnliche Konditionierungen sorgen dafür, daß wir vielleicht Träume und Wünsche haben, aber nicht bereit sind, nicht den Mut finden, daran zu glauben und diese in Angriff zu nehmen. Vielleicht hat man Ihnen auch suggeriert, daß es »besser ist, den Spatz in der Hand als die Taube auf dem Dach zu besitzen«. Ich kenne keine unsinnigere

Beeinflussung, sorgt sie doch dafür, daß wir nicht den Mut finden, uns einmal größeren Zielen zu widmen und uns auch größere Aufgaben zutrauen.
Verstehen Sie mich bitte nicht falsch: Es geht nicht darum, ob Sie diese Suggestionen so wortwörtlich suggeriert bekommen haben. Es geht vielmehr um die Haltung Ihrer Eltern, Ihrer Familie, Ihrer Lehrer, Ihrer Freunde usw. Diesen Menschen ist es natürlich nicht bewußt, was sie in unserem Leben anrichten. Doch nun haben Sie das Wissen, die Erkenntnis, daß all diese Suggestionen im Unterbewußtsein abgespeichert werden und zeitlebens unser Denken und Handeln beeinflussen. Nun, für Ihre Vergangenheit können Sie nichts. Sie können auch nichts dagegen tun. Aber *lassen Sie doch die Vergangenheit ruhen*, beklagen Sie sich nicht über die negativen Suggestionen Ihrer Kindheit, sondern beginnen Sie heute damit, Ihre Zukunft in die eigene Hand zu nehmen. Beginnen Sie heute damit, Ihre Vergangenheit abzuschließen und jeden Tag an Ihrer erfolgreichen positiven Zukunft zu arbeiten.

Jesus glaubte daran, daß
- **sich der Charakter des Menschen ändern kann!**
- **das Leben schön sein kann!**
- **es eine Lösung für jedes Problem gibt!**
- **jeder ein neuer Mensch werden kann!**

Sie sind ab sofort – mit dem Wissen, das Sie nun besitzen – der Schöpfer Ihrer eigenen Zukunft. Bisher konnten Sie sich wunderbar hinter den Umständen verstecken, die angeblich an Ihrem jetzigen Zustand schuld sein mögen. Doch damit ist es ab sofort vorbei. Denn es liegt nun an Ihnen, jeden Tag aufs neue wunderbare ›Aktenordner‹ in Ihrem Unterbewußtsein anzulegen. Allerdings erfordert das eine Menge Mut, Selbstdisziplin und Entschlossenheit. Doch wer hat Ihnen gesagt, Erfolg sei leicht und auf einfache Weise zu erreichen?
Jeder Gedanke hat das Bestreben, steh zu, verwirklichen. Durch die ständige Wiederholung und die unbegrenzte Speicherfähig-

keit Ihres Unterbewußtseins werden Gedanken schließlich Wirklichkeit. Dabei prüft das Unterbewußtsein allerdings nicht, ob es sich um positive oder negative Gedanken handelt. Erfolg und Mißerfolg sind nur Ergebnisse Ihrer Gewohnheiten aus der Vergangenheit. Legen Sie alle Verhaltensweisen ab, die Sie daran hindern, erfolgreich zu sein. Jede Anweisung Ihres Unterbewußtseins wird ausgeführt. Ihr Leben ist bestimmt von Beeinflussungen, von Fremd- und von Eigensuggestionen.
Vielleicht werden Ihnen nun so einige Zusammenhänge klar, die auf dieser Welt existieren. Warum hat etwa Werbung einen solch großen Erfolg? Weil sich niemand gegen die Wirkung zur Wehr setzen kann. Das ist ganz klar, weil jede Werbung gespeichert wird. Wird eine Werbung genügend oft gespeichert, dann greifen wir eben automatisch im Supermarkt zum entsprechenden Produkt. Deshalb gilt auch heute noch im Konsumgüterbereich der Werbung der Grundsatz ›Quantity for Quality‹, das heißt, die permanente Wiederholung eines Werbespots ist wichtiger als dessen Qualität (das stimmt so natürlich nicht ganz, da neben der Wiederholung ja auch die Gefühle, die wir dabei haben, eine Rolle spielen).
Vielleicht verstehen Sie nun auch, warum es möglich ist, daß sich Menschen zu den unsinnigsten Taten beeinflussen lassen. Warum gibt es Sektenmitglieder, die bereit sind, sich umzubringen? Wie konnte es so mancher Diktator schaffen, daß sich Tausende von Bürgern in einen Krieg stürzten und für ihr Land gerne starben? (Vor allem dann, wenn es um den ›Glauben‹, die Religion, geht). Wie schaffen es Sekten, daß die Anhänger auch den allergrößten ›Blödsinn‹ für bare Münze nehmen?
Doch wenn all diese negativen Folgen von Suggestionen möglich sind, dann gibt es selbstverständlich auch die Möglichkeit positiver Suggestionen (zu denen wir später noch kommen werden).
Bitte halten Sie einstweilen fest, daß Ihr Unterbewußtsein ihr gesamtes Denken und Handeln beeinflußt. Diese ungeheure Bedeutung können Sie sich zunutze machen oder wieder vergessen – es liegt an Ihnen. Doch was würde dagegen sprechen, mit dieser Erkenntnis zu arbeiten, sie zur Gestaltung der eigenen positiven Zukunft einzusetzen?

Auch jeder einzelne Gedanke wird gespeichert, so auch Ihre sogenannte ›innere Stimme‹, die täglich zu Ihnen spricht – meist negativ und pessimistisch. Kontrollieren Sie deshalb Ihre Gedanken, und legen Sie neue, positive Programme (›Aktenordner‹) in Ihrem Unterbewußtsein an.

Leitthesen zu 6.1:

1. Das Gedächtnis ist die Schatzkammer des Lebens!
2. Der Mensch nutzt nur etwa 5 bis 10 Prozent seines geistigen Potentials!
3. Alles, was Sie hören, sehen, schmecken, riechen und fühlen, bleibt zeitlebens in Ihrem Unterbewußtsein gespeichert!
4. Das Unterbewußtsein besitzt keinen Filter – alles wird gespeichert, auch das Negative!
5. Im Kampf zwischen Ihrem Willen und Ihrem Unterbewußtsein gewinnt immer das Unterbewußtsein!
6. Alle neuen Dinge, die wir aufnehmen und vorher noch nicht gespeichert haben, treffen zunächst einmal auf Ablehnung, Skepsis, Kritik, Albernheit oder Verweigerung!
7. Ihr Charakter ist zum größten Teil erworben, und zwar als Produkt Ihrer Erziehung! Doch jeder Charakter läßt sich durch Arbeit mit dem Unterbewußtsein formen!
8. Erfolg oder Mißerfolg sind lediglich die Ergebnisse Ihrer Gewohnheiten aus der Vergangenheit.

6.2 Beachtung bringt Verstärkung

»Beachtung bringt Verstärkung,
Nichtbeachtung bringt Befreiung!«
Nikolaus B. Enkelmann

Dieses Zitat verweist auf eine These aus der Psychologie, nach der alles, was beachtet wird, sich verstärkt, während alles, was nicht beachtet wird, vermindert wird. Zur Annäherung an diese

These mag die nachfolgende Beschreibung eines Experiments dienen...
Bei zwei Schulklassen der gleichen Jahrgangsstufe wurden über einen bestimmten Zeitraum zwei verschiedene Lehrmethoden angewandt. Bei der einen Schulklasse wurde regelmäßig auf Fehler hingewiesen, das heißt, den Schülern wurden die gemachten Fehler aufgezeigt und erklärt. Bei der anderen Klasse dagegen wurden die Fehler nicht sonderlich stark erläutert, sondern die Schüler wurden für das gelobt, was sie erfolgreich erledigten. Die Aufmerksamkeit lag also auf dem Positiven, auf dem Erreichten und nicht auf den Mißerfolgen. Nach einiger Zeit begann eine erstaunliche Veränderung innerhalb der beiden Schulklassen: Während bei der einen Klasse, bei denen stets auf die Fehler geachtet wurde, die Leistungen nachließen, steigerten sich die Schüler der anderen Klasse, bei denen auf das Positive hingewiesen wurde.
Dieses Beispiel trage ich auch bei meinen Persönlichkeitsseminaren vor. Einmal war eine Frau anwesend, die einen sprachbehinderten Sohn hat. Sie erklärte mir, dies sei genau die Lehrmethode der Schule, an der ihr Sohn nun an der Verbesserung seiner Sprache arbeite. Während früher immer die falsch ausgesprochenen Passagen herausgepickt und verbessert worden seien, werde er nun nur noch für die Wörter und Sätze gelobt, die er richtig ausgesprochen habe. Seitdem er diese Schule besuche, hätten sich die Leistungen ihres Sohnes eminent verbessert.
Nun werden Sie sich vielleicht fragen, warum diese psychologische These tatsächlich so stimmt. Erinnern Sie sich bitte an Ihren riesigen, unendlichen Regalraum mit den nicht enden wollenden Aktenregalen. Alles, was über die Sinnesorgane aufgenommen wird, wird abgespeichert. Abgespeichert bedeutet, daß ein Aktenordner mit der entsprechenden Beschriftung in das Regal gestellt wird. Wird eine Sache oftmals wiederholt aufgenommen, so stehen entsprechend viele Aktenordner im Regal; geschieht ein einschneidendes Erlebnis (etwa wenn sich das Kind an der glühenden Herdplatte verletzt), dann werden ebenfalls viele Aktenordner angelegt, und zwar so viele, daß dieses Erlebnis zeitlebens nicht mehr vergessen wird. Unser Unterbewußt-

sein filtert dabei nicht. Und hier nun die Erklärung: Jedesmal, wenn Sie sich mit irgend etwas beschäftigen, wenn Sie über etwas sprechen, wenn Sie etwas hören – oder wenn Sie einen Gedanken haben –, wird dies als weiterer Aktenordner angelegt. Wenn Sie beispielsweise Ihr Kind ständig auf seine Fehler aufmerksam machen, dann werden diese Fehler immer wieder neu abgelegt, also gespeichert. Wenn Sie dagegen Ihr Kind auf die positiven Dinge aufmerksam machen, es für seine Erfolge loben, dann werden eben nur diese Erlebnisse als Aktenordner angelegt. Und da das Unterbewußtsein fast alles im Leben steuert und beeinflußt, werden natürlich die Befehle gesendet, deren Aktenordner in der Überzahl sind. Nochmals zur Verdeutlichung: Es spielt für Ihr Unterbewußtsein keine Rolle, ob das eingespeicherte Programm negativ oder positiv ist. Es spielt keine Rolle für Ihr Unterbewußtsein, ob Ihnen die ausgesendeten Befehle schaden oder nutzen – Ihr Unterbewußtsein ist neutral und kennt keine Bewertungen!

Dies erklärt auch den Automatisierungseffekt bei Menschen. Sie sitzen das erstemal im Auto und müssen sich sehr stark, das heißt mit Ihrem bewußten Verstand, auf den Ablauf des Autofahrens konzentrieren. Mit jeder Fahrstunde, mit jedem mehr zurückgelegten Kilometer entsteht ein neuer Aktenordner. Je länger Sie Autofahren, desto mehr Aktenordner existieren in Ihrem Unterbewußtsein – und desto leichter fällt Ihnen das Autofahren.

Dieses Prinzip gilt praktisch für alle Lebensbereiche. Nehmen wir zum Beispiel das Sprechenlernen. Mit einem Kleinkind wird sehr oft gesprochen, besonders in der sogenannten ›Kindersprache‹ (Mamamama, Papapapa). Es dauert dann einige Monate, ehe das Kind zu sprechen beginnt. Die Ursache dafür ist wieder relativ einfach erklärt: Das Kind hört ständig die Sprache und erkennt irgendwann die Bedeutung der einzelnen Wörter. Je mehr Aktenordner von einem Wort angelegt sind, desto leichter und schneller wird das Kind dieses Wort sprechen. Deshalb wird natürlich ein Kind, mit dem sich sehr viel im Babyalter beschäftigt wird, in der Regel schneller zu sprechen beginnen als ein Baby, das in dieser Hinsicht vernachlässigt worden ist.

Da der Mensch 80 Prozent seines Verhaltens durch Imitation seiner Umwelt erwirbt, macht das Kind natürlich auch all das nach, was es von seiner Umwelt, von seiner Umgebung aufnimmt. Da fast alle Menschen in seiner Umgebung aufrecht laufen, wird das Kind dies unbewußt möglichst schnell imitieren. Würde man ein kleines Baby unmittelbar nach der Geburt ohne Menschen aufwachsen lassen, so würde es im Alter von zehn Jahren weder laufen noch sprechen können. Das Kind hätte nie das Laufen bei anderen Menschen gesehen, keiner hätte mit ihm gesprochen – die entsprechenden Aktenordner wären einfach nicht angelegt.

Einem kleinen Kind ist es auch egal, in welchem Gebiet es aufwächst. Ein Kind in Schwaben, wo die Eltern und fast alle Mensehen in der Umgebung einen schwäbischen Dialekt sprechen, wird automatisch ebenfalls den schwäbischen Dialekt erlernen und anwenden. Das Kind – besser ausgedrückt: sein Unterbewußtsein – bewertet nicht, ob der Dialekt gut oder schlecht, schön oder häßlich ist – das Unterbewußtsein sendet einfach die entsprechenden Befehle aus. Erst später, etwa durch Einflüsse von Schule, von Freunden, des Fernsehens, erkennt das Kind möglicherweise, daß es negativ sein kann, zu allen Gelegenheiten Dialekt zu sprechen, und wird versuchen, sich auch des Hochdeutschen zu bemächtigen.

Was sagte noch Aristoteles vor mehr als 2300 Jahren?

»Wir sind das, was wir wiederholt tun!«

Jede Wiederholung bringt eine Verstärkung mit sich – im Guten wie im Schlechten. Vielleicht erinnern Sie sich noch an Ihre Schulzeit, an die verschiedenen Fächer, die Sie hatten. Da gab es wahrscheinlich Fächer, in denen Sie sehr gute Noten erzielten. Hier wurden Sie von den Lehrern, von Ihren Eltern, Ihren Großeltern gelobt, und Ihre Mitschüler bewunderten Sie. Diese Fächer machten Ihnen Spaß. Sie vertieften sich gerne in die entsprechende Materie und wurden wahrscheinlich in diesen Fächern immer besser. Aber vielleicht gab es auch das eine oder andere Fach, in dem Sie Schwierigkeiten hatten und schlechte Noten erzielten. Hier waren die Lehrer besorgt, die Eltern enttäuscht, die Mitschüler gehässig. Dieses Fach machte Ihnen keinen Spaß, und trotz (oder gerade wegen) Ihrer Ängste wurden die Leistungen in diesem Fach immer schlechter. Und dann heißt es irgendwann: »Ihr Sohn ist für Sprachen nicht begabt.« (Dies war etwa bei mir in Englisch der Fall.) Nachdem solch eine Aussage einmal getroffen worden ist, steht sie natürlich im Raum und wird von den Eltern immer wieder bei schlechten Noten herangezogen. Ist es da nicht eine logische Folgerung, wenn wir schließlich selbst davon überzeugt sind, für dieses oder jenes Fach absolut ungeeignet zu sein?

Alles, was beachtet wird, verstärkt sich – das bedeutet aber auch, daß alles, was nicht beachtet wird, sich vermindert oder sogar verschwindet. Menschen, die mit Begeisterung einer Aufgabe, einem Ziel nachgehen, sind – nachweislich! – weniger krank als Menschen, die ziellos durchs Leben irren. Der Grund dafür ist sehr einfach: Menschen mit Zielen haben gar keine Zeit dazu, ihre ›Krankheiten‹ zu beachten. Sie benötigen ihre Energie und Konzentration zur Umsetzung und Erreichung ihrer Ziele. Andererseits gibt es nicht wenige, die von einer Krankheit in die nächste schlittern. Das sind oft Menschen, die sehr gerne von ihren Krankheiten, von ihren Schmerzen und Problemen erzählen. Da schon die bloße Erwähnung einer Krankheit negative Assoziationen auslöst, wird es wohl keinem Menschen gelingen, durch solch ein Verhalten einen Heilungsprozeß einzuleiten.

Ein ähnlich gelagertes Problem ist bei der Psychoanalyse immer wieder zu beobachten: Es wird in der Vergangenheit des Patienten nach bestimmten Vorfällen gesucht, es werden Probleme genauestens aufgedeckt. Immer wieder wird in den dunklen Seiten der Vergangenheit gerührt und gestochert – was dann wieder zu einer Vergegenwärtigung der jeweiligen Probleme führt. Natürlich ist der Erkenntnisprozeß sehr wesentlich und eine Grundvoraussetzung für eine dauerhafte Änderung. Doch wie oft muß eigentlich ein Erkenntnisprozeß erfolgen, ehe dann im Hier und Heute für die Zukunft etwas verändert wird? Erkenntnisse gewinnen: Ja! Sich verlieren in der Vergangenheit: Nein! Hüten Sie sich also davor, sich zu stark in den Problemen der Vergangenheit zu verlieren, und packen Sie heute Ihre Zukunft an. Sie können heute damit beginnen, neue, positive, optimistische Ordner anzulegen. Dafür ist es nie zu spät. Haben Sie auch keine Angst vor der großen Aufgabe. Es ist nie zu spät, sein Leben positiv zu verändern.

Die Vergangenheit können Sie nicht mehr verändern, sie ist vorbei. Was Sie jedoch verändern können, das ist Ihre Zukunft. Lassen Sie Ihre Vergangenheit ruhen. Suchen Sie sich eine große Aufgabe, ein großes Ziel, und beachten Sie dies in Ihren Gedanken. Und automatisch werden Sie all die Kräfte und Fähigkeiten mobilisieren, die Sie benötigen.

Gehirnforscher haben sich damit beschäftigt, wie Informationen aufgenommen und gemerkt werden. Wobei vielen Menschen nicht klar ist, daß alles gespeichert wird – auch wenn wir uns an viele Dinge nicht mehr bewußt erinnern können.

Was wir bewußt merken:

- **20 Prozent von dem, was wir hören.**
- **30 Prozent von dem, was wir sehen.**
- **50 Prozent von dem, was wir hören und sehen.**
- **70 Prozent von dem, was wir selbst sagen.**
- **90 Prozent von dem, was wir selbst tun.**

Laut dieser Untersuchung können wir 20 Prozent von dem, was wir hören, dann auch wieder bewußt abrufen (unbewußt bleiben natürlich auch die restlichen 80 Prozent im Regal gespeichert, allerdings in einem ganz weit abgelegenen Teil unseres unendlichen Lagerraums). Von dem, was wir sehen, werden 30 Prozent bewußt gemerkt; von dem, was wir gleichzeitig hören und sehen, 50 Prozent; 70 Prozent von dem, was wir selbst sagen (dies wird später noch eine große Rolle in diesem Buch spielen, nämlich bei der Autosuggestion), und 90 Prozent von dem, was wir selbst tun. Nun ist Ihnen vielleicht auch klar, warum Fernsehwerbung von allen Werbemöglichkeiten, die es gibt, die wahrscheinlich effektivste ist. An eine Zeitungsanzeige können sich nur wenige Menschen bewußt erinnern (wobei die große Prozentzahl derer noch abgezogen werden muß, die die Anzeige gar nicht lesen, sondern einfach überblättert haben). Beim Radiospot haben wir eine bewußte Merkfähigkeit von 20 Prozent, und von dem, was via Bildschirm gesendet wird, merken wir uns 50 Prozent (da wir hier gleichzeitig sehen und hören). Allerdings ist dies auch nur Theorie, denn diese Zahlen geben natürlich nur den statistischen Durchschnittswert an. Die Merkfähigkeit ist also immer auch abhängig von der Intensität, die sich mit dem Gespeicherten verbindet. Wenn Sie beispielsweise einmal von einer Wespe gestochen wurden, dann werden Sie sich nicht zu 90 Prozent, sondern zu 100 Prozent daran erinnern und tunlichst Wespen aus dem Wege gehen.

Aber nicht nur die Dinge, die wir durch unsere Sinneswahrnehmungen aufnehmen, werden gespeichert, sondern auch alle Gedanken! Jeder Gedanke, ob positiv oder negativ, wird gespeichert. Und nun habe ich eine Aufgabe für Sie. Bitte schreiben Sie den Namen der Person auf, zu der Sie am meisten sprechen:

Haben Sie den Namen notiert? Nun, die Person, zu der Sie täglich am meisten sprechen, sind – Sie selbst!

Sie besitzen eine sogenannte innere Stimme (Ihre Gedanken), mit der Sie bis zu 30 000 Sätze täglich zu sich selbst sprechen. Es gibt keinen Vorwurf, keine Beleidigung, die Sie sich selbst nicht schon ausgesprochen haben. Würde ein anderer Mensch auch nur ein Bruchteil dieser Vorwürfe und Beschuldigungen an Sie richten, Sie hätten schon längst den größten Konflikt mit ihm, Sie hätten sich aus seiner Umgebung entfernt oder Sie hätten, im schlimmsten Fall, vielleicht sogar eine körperliche Auseinandersetzung herbeigeführt. Doch was wir anderen Menschen nicht gestatten, weil wir mit allem, was uns zur Verfügung steht, dagegen ankämpfen würden, tun wir uns selbst an: Beleidigungen, Schuldgefühle, Selbstvorwürfe!

Vor nicht allzu langer Zeit bin ich beim (hektischen) Einparken in meine relativ schmale Garage mit dem Seitenteil meines Autos hängengeblieben und habe dem Fahrzeug einen größeren Schaden zugefügt. Können Sie sich vorstellen, wie intensiv und ausdauernd ich mich selbst beschimpfte? »Jürgen, du Idiot! Warum hast du denn nicht besser aufgepaßt! Du bist zu blöde zum Autofahren! Das kann auch nur dir passieren! Du Trottel, mußtest du wieder vor lauter Hektik so schnell einparken? Geschieht dir ganz recht, du Tölpel! Normalerweise gehört dir eine ›Backpfeife‹ verpaßt!« Dies war nur ein kleiner Ausschnitt aus meinem Dialog, den ich allerdings nur mit mir alleine führte.
Kommt Ihnen das bekannt vor? Nun, viele Menschen glauben, es sei ganz ›natürlich‹, sich zu ärgern, wenn etwas geschieht, das nicht in Ordnung ist. Die Frage ist jedoch nur: Was ist ›natürlich‹? Wir werden in den Abschnitten 3 und 4 dieses Kapitels zum Thema ›Realität und Wirklichkeit‹ noch einiges mehr erfahren. Tatsache ist:

Niemand kann mich ärgern,
wenn ich ihm nicht dabei helfe!

Tatsache ist auch, daß jedes Mißgeschick, jeder Mißerfolg sein Gutes hat. Es ist gut, weil es ist. Oftmals wollen uns diese kleinen ›Mißgeschicke‹ etwas sagen und Richtungen weisen. Doch in unserer Verblendung, unserer Borniertheit kämpfen wir dagegen an und ärgern uns. Zu dem Zeitpunkt, zu dem etwas passiert, ist es Vergangenheit. Es ist vorbei. Ärgern nützt nichts, denn Ärger ist mit negativen Gedanken verbunden, und negative Gedanken werden ... neu als Aktenordner gespeichert!
Was glauben Sie wohl, was für eine Grundeinstellung Sie zu sich selbst und zu Ihrem Leben besitzen, wenn Sie von den 30 000 Sätzen, die Sie täglich an sich selbst richten, auch nur 51 Prozent negativ formulieren? Haben Sie dann großes Selbstvertrauen? Oder vermindert sich dieses nicht eher durch Ihre Selbstvorwürfe?

Wer zu sich selbst kein Vertrauen hat, wie will sie/er erwarten, daß ihr/ihm andere Menschen vertrauen?

Jeder Ärger zeigt nur, wie stark wir in unseren Programmen verhaftet sind. Bei jedem Ärgernis gibt es immer zwei Möglichkeiten:

1. Möglichkeit: Sie haben die Möglichkeit, etwas zu verändern. Analysieren Sie die Situation, und treffen Sie Ihre Entscheidung. Kommen Sie ins Handeln. Hören Sie auf, sich zu ärgern, und überlegen Sie. Solange Sie sich ärgern, werden Sie nicht handeln, zumindestens nicht rational, so daß sich Ihre Situation nicht verbessern kann.

2. Möglichkeit: Sie haben keine Möglichkeit, die Situation zu ändern. Sie können nichts selbst beeinflussen. In diesem Fall finden Sie sich einfach damit ab. Speichern Sie durch Autosuggestion einen neuen Aktenordner. – Wie dies funktioniert, mit welcher Methode, werden Sie noch erfahren.

Sprechen Sie also des öfteren zu sich selbst in einer liebevollen Art und Weise. Wann haben Sie da-, letzte Mal ganz bewußt die Formulierung: *»Mein(e) liebe(r) . . .«* gewählt? Wann haben Sie sich das letzte Mal bewußt gelobt? Wann waren Sie das letzte Mal stolz auf sich? Wann haben Sie sich das letzte Mal aufgebaut? Es gibt keinen härteren Kritiker als uns selbst. Wer zwingt uns dazu, uns so grausam und bösartig zu behandeln? Wollen Sie nicht einmal darüber nachdenken, sich selbst etwas mehr Liebe und Aufmerksamkeit zu schenken? Was haben Sie für ein Problem mit sich, daß Sie sich nicht ein wenig Freude und Wohlbefinden gönnen? Ist es denn wirklich notwendig, daß Sie sich das Leben jeden Tag ein bißchen ›zur Hölle‹ machen? Denken Sie über sich nach. Sie haben so viele gute Eigenschaften, so viele Talente, Sie bedeuten vielen Menschen etwas. Oft sind wir zu verschlossen, sehen wir nicht, wie vielen Menschen wir etwas bedeuten, wie vielen Menschen wir wichtig sind.

Leitthesen zu 6.2:

1. Beachtung bringt Verstärkung. Nichtbeachtung bringt Befreiung!
2. Wir sind das, was wir wiederholt tun.
3. Auch alle Gedanken (Ihre innere Stimme) werden im Unterbewußtsein gespeichert!
4. Beachten Sie bei sich und anderen nur noch das Positive, und verstärken Sie diese positiven Eigenschaften!
5. Behandeln Sie sich von allen Menschen, die Sie kennen, am liebevollsten!
6. Wer zu sich selbst kein Vertrauen hat, kann nicht erwarten, daß andere Menschen Vertrauen haben.

6.3 Das Gesetz der Resonanz

Erst wenn der Schüler bereit ist, kommt der Lehrer!

Vielleicht ist Ihnen schon einmal etwas Ähnliches passiert?! Sie haben sich entschlossen, ein rotes Auto eines bestimmten Herstellers zu kaufen, und haben es bei Ihrem örtlichen Händler bestellt. Von diesem Moment an fallen Ihnen dann auf der Straße unzählige Autos genau desselben Typs in genau derselben Farbe auf. Vor Ihrem Kaufentschluß ist Ihnen dies noch nie bewußt gewesen. Auch wenn Sie ein Anhänger einer bestimmten Bekleidungsmarke sind, werden Sie ganz bewußt bemerken, wie viele Menschen ebenfalls Stücke dieses Herstellers tragen.
Der Grund dafür liegt im sogenannten *›Gesetz der Resonanz‹*. Um Sie an dieses Gesetz heranzuführen, mag das nachfolgende Beispiel dienen...
In einem großen Raum befinden sich unzählige Klaviersaiten. Wie können Sie nun herausfinden, welches der Klaviersaiten das

hohe C ist, ohne daß Sie die Klaviersaite berühren, also ohne daß Sie sie anschlagen? Nun, ganz einfach: Sie stimmen einfach, zum Beispiel mit einer Stimmgabel, das hohe C an, und die richtige Klaviersaite wird nun ebenfalls zu schwingen und zu tönen anfangen. Das Gesetz der Resonanz bedeutet also nichts anderes, als daß immer nur das verstärkt werden kann, was bereits angelegt ist.

Wenn beispielsweise jemand damit beginnt, das Briefmarkensammeln zu seinem Hobby zu machen, dann werden automatisch die ›Zufälle‹ eintreten, die ihn bei seinem Hobby unterstützen. Er wird in seinem Ort zum erstenmal das Briefmarkengeschäft bemerken und es voller Neugierde aufsuchen. Dort wird er nicht nur verschiedene Bücher über Briefmarken erwerben, sondern er abonniert zusätzlich auch noch eine Briefmarkenzeitschrift. Hierin befinden sich Kleinanzeigen von Briefmarkensammlern, die gerne mit anderen tauschen wollen. Er liest eine Anzeige für eine Briefmarkenbörse, die er schließlich persönlich besucht. Dort lernt er genau die Leute kennen, die ihm die Briefmarken anbieten, welche in seiner Sammlung noch fehlen. Unter seinen Bekannten werden ihm plötzlich Personen auffallen, die ebenfalls Briefmarken sammeln, was ihm bis dahin noch nie aufgefallen ist. Und so weiter. Möglich wurden all diese Kontakte, Zufälle, Zusammentreffen jedoch nur dadurch, weil dieser Mensch begonnen hatte, sich mit dem Sammeln von Briefmarken zu beschäftigen.

So verhält es sich mit vielen Dingen in unserem Leben: Es kann nur das ertönen, was bereits vorhanden ist. Sie haben durch das Lesen dieses Buches (oder schon vorher) begonnen, sich mit dem positiven Denken, dem Erfolgsdenken zu beschäftigen. Als nächstes besuchen Sie vielleicht ein entsprechendes Seminar. Dort werden Sie Menschen begegnen, die Sie bei Ihrem Vorhaben gezielt unterstützen können und werden. Sie werden Schritte auf Ihrem Erfolgsweg machen und rein ›zufällig‹ ergreifen Sie die richtigen Maßnahmen. Auch werden Sie die richtigen Menschen bei der Erreichung Ihrer Ziele unterstützen.

Wenn Sie einmal begonnen haben, sich mit einer Sache zu beschäftigen und diszipliniert dabei bleiben, dann werden genau die Helfer, Zufälle, Umstände usw. eintreten, die Sie in diesem Moment benötigen. Wie im Märchen kommen also im richtigen Moment die Feen und Zauberer, um der Geschichte ein glückliches Ende zu verleihen. Doch beschäftigen mit der Sache, die Ihnen wichtig ist, das müssen Sie schon selbst.

Zufälle sind Ereignisse, die einem bewußt zu-fallen!

6.4 Wirklichkeit und Realität

Die Wirklichkeit existiert nur in unserer Phantasie!

Zunächst habe ich folgende Aufgabe für Sie: Ich werde Ihnen gleich anschließend eine Anzahl von Fakten mitteilen, und Ihre Aufgabe ist es nun, in die freien Zeilen einzutragen, welche Schlußfolgerungen Sie aus diesen Fakten ziehen.
Fakten sind: Romeo und Julia liegen tot im Wohnzimmer auf dem Teppichboden. Neben ihnen liegen Glasseherben. Der Teppichboden ist feucht. Das Fenster ist offen.
Ihre Aufgabe lautet nun, aufzuschreiben, was Ihrer Meinung nach hier passiert ist. Bitte schreiben Sie Ihre Schlußfolgerung nun ganz genau auf. Was ist passiert?

1. Möglichkeit:

____

____

____

oder 2. Möglichkeit:

____

____

____

Haben Sie die Geschichte aufgeschrieben? Es ist weniger ein Spaß als ein hervorragendes Mittel, um Ihnen Ihr Unterbewußtsein und Ihre gespeicherten Programme vor Augen zu führen. Deshalb: Falls Sie die Geschichte noch nicht aufgeschrieben haben, dann tun Sie es bitte jetzt. Auf Seite 168 erfahren Sie, was tatsächlich passiert ist.
Nun, hatten Sie die richtige Lösung? Wahrscheinlich lautete Ihre Schlußfolgerung etwas anders, haben Sie doch bei diesen Fakten mit Sicherheit an eine andere Lösung gedacht. Doch genau darum geht es mir mit diesem Beispiel: Wir sind alle abhängig von unseren gespeicherten Programmen, Aufgrund der hier vorliegenden Fakten raste Ihr Bewußtsein in Ihren riesigen Regalraum und suchte zu den einzelnen Fakten den entsprechenden Ordner. Er hat natürlich massenweise Ordner gefunden, kurz die Information aufgenommen und ist wieder zurückgerast. Und Ihre Schlußfolgerung lautete dann, je nach Ihren vorliegenden Aktenordnern: Selbstmord, Mord, Totschlag oder Unfall, in der Regel wahrscheinlich: »Sie sind ermordet worden« oder: »Sie haben Selbstmord begangen«.
Es gibt viele solcher Geschichten, die uns vor Augen führen, wie automatisch doch unser Unterbewußtsein funktioniert und wie abhängig wir von diesen Programmen sind. Doch nachdem wir von dem abhängig sind, was gespeichert ist, hat dies folgende Konsequenz für uns:

Es gibt keine Wirklichkeit!

Unsere Wirklichkeit ist rein subjektiv und abhängig von den bisher gespeicherten Programmen. Dabei ist zu beachten, daß diese Programme auch sehr kurzfristig angelegt werden. Oft ist es so, daß das, was gerade vor kurzem erlebt und gespeichert wurde, unsere Wahrnehmung der Wirklichkeit besonders stark beeinflußt. Hierzu ein weiteres Beispiel...
Der Sozialpsychologe Bob Cialdini schreibt in *Influence: Science and Practice:* »Bei Versuchen mit ausgewählten Testpersonen bekommt man gelegentlich eine anschauliche Demonstration

zu sehen, mit der Studenten in die Grundsätze der Psychophysik eingewiesen werden. Die Studenten setzen sich abwechselnd vor drei Eimer hin, die mit kaltem, heißem und zimmerwarmem Wasser gefüllt sind. Der Student taucht eine Hand in ein heißes, die andere in kaltes Wasser. Dann fordert man ihn auf, beide Hände gleichzeitig in den Eimer mit Zimmertemperatur zu tauchen. Sofort ist ein Blick amüsierten Erstaunens zu beobachten, der unser Testergebnis verrät: Obwohl sich beide Hände im selben Eimer befinden, fühlt sich die Hand, die im heißen Wasser war, kalt an, die Hand, die im kalten Wasser war, heiß. Der entscheidende Punkt: Dieselbe Sache – in diesem Fall das Wasser bei Zimmertemperatur – kann sich, je nach vorausgehender Erfahrung, dem Schein nach ganz unterschiedlich anfühlen.

Führen Sie doch dieses Experiment einmal selbst durch, und Sie werden überrascht sein, was die Wirklichkeit oft tatsächlich wirklich ist – eine Seifenblase, die nur bei uns selbst existiert. Es gibt keine allgemeingültige Wirklichkeit, sondern jeder Mensch hat seine Wirklichkeit. Der Regen beispielsweise ist für sich neutral. Regen ist Regen, und er ist, weil er ist. Was machen wir Menschen daraus? Jeder bewertet ihn. Für den Urlauber, der im Sommer einen Ausflug geplant hat, ist der Regen am Morgen furchtbar. Er ärgert sich über ihn, weil er ihm die Laune verdirbt. Der Landwirt, der den Regen unbedingt für seine angebauten Pflanzen benötigt, ist über den ersten Regenguß seit Wochen hocherfreut und dankt seinem Schöpfer für das ersehnte Wasser. Können Sie mir nun bitte erklären, was die Wirklichkeit ist?

Die Wirklichkeit ist subjektiv und niemals objektiv. Und so wie wir – aufgrund unserer Voraussetzungen und Programme – die eingetretenen Dinge als ›Wirklichkeit‹ bewerten, so haben auch die anderen Menschen ihre eigenen Bewertungen. Bewertungen können somit nie Anspruch auf Allgemeingültigkeit erheben. Ein positiver und freier Mensch sind Sie demnach nur dann, wenn Sie aufgehört haben, alles nach Ihren Maßstäben zu bewerten.

Lösung der Aufgabe von Seite 165:
Romeo und Julia sind zwei Goldfische. Das Fenster war nicht richtig geschlossen, und ein Sturm hatte das Fenster aufgeschlagen. Dabei stürzte das Goldfischglas mit Romeo und Julia zu Boden und zerbrach. Sie sind beide erstickt.

Nehmen wir einmal folgendes Beispiel: Zwei Mitarbeiter derselben Abteilung eines Unternehmens sind von ihrer Veranlagung her völlig unterschiedlich. Während der eine Mitarbeiter sehr ›linkshirnlastig‹ ist, hat der andere seine Stärken in der rechten Gehirnhälfte, also der kreativen, bildhaften Hälfte. Der linkshirnlastige Mitarbeiter ist sehr ordentlich, genau, exakt und sehr stark der Ordnung verhaftet. Dafür hat er kaum neue Ideen. Kreativität und Innovation sind nicht seine Stärke. Er konzentriert sich auf das, was er kann, nämlich ordentliche Organisation. Der andere Mitarbeiter, der rechtshirnlastige, ist dagegen ein Meister im Finden von Ideen. Ständig produziert er die ausgefallensten, ungewöhnlichsten Ideen, von denen natürlich viele verrückt und nicht umsetzbar sind. Doch hat er schon die eine oder andere Idee entwickelt, aus der dann für das Unternehmen ein Riesengeschäft entstanden ist. Dafür hat er Schwächen in der Organisation. Er haßt festgelegte, exakte Abläufe. Ordnung ist ihm ein Greuel. Er braucht das Chaos, um kreativ zu sein.
Und nun stellen Sie sich vor, diese beiden Mitarbeiter werden einzeln nach der Meinung befragt, die sie über ihren Kollegen haben. Der Kreative wird nun antworten: »Der Müller ist doch ein richtiger Pedant. So was von ordentlich, das ist doch bereits unnormal. Wenn bei dem nicht alles ›Eck auf Eck‹ liegt, dann ist er unglücklich. So ein Oberlehrer.« Der Organisierer wird über den Kreativen wahrscheinlich sagen: »Der Schmitt? Ein unmöglicher Schlamper. Der kann doch keine Aufgabe zu Ende führen. Wie es bei dem schon auf dem Schreibtisch aussieht. Außerdem, wenn ich der Chef wäre, hätte ich dem schon lange einmal die Meinung gesagt. Ständig kommt er zu spät. Und dann diese unregelmäßigen Arbeitszeiten, unmöglich.«

Wenn Sie nun den Inhaber der Firma, bei dem sich beide Fähigkeiten in etwa die Waage halten, interviewen, so wird dieser wahrscheinlich über seine Mitarbeiter folgende Antworten geben: »Der Müller? Ja, das ist ein sehr ordentlicher Mitarbeiter. Auf ihn kann ich mich hundertprozentig verlassen. Na ja, er ist vielleicht manchmal ein bißchen spröde und lehnt gerne neue Ideen erst einmal ab – aber dafür hat er unsere Buchführung so erstklassig organisiert, daß ich mich überhaupt nicht mehr darum kümmern muß.« Und über den kreativen Mitarbeiter wird er wahrscheinlich sagen: »Der Schmitt? Oh, da bin ich wirklich glücklich, daß ich ihn habe. Was dieser Kerl doch immer für verrückte Ideen produziert, ist einfach unglaublich. Natürlich sind auch etliche dabei, die wirklich völlig abwegig sind, und manchmal ist er auch ganz schön chaotisch, aber was wir durch seine Einfälle bei uns bewegt haben, das ist schon unglaublich.«
Sie sehen also, es gibt nun drei verschiedene Meinungen. Aus der Sichtweise des einzelnen hat jeder recht. Und genau das ist die Crux daran: Je stärker ein Mensch an seine eigene Wirklichkeit glaubt, desto intoleranter verhält er sich gegenüber anderen Menschen. Jeder handelt nach seinen Programmen, und jeder hat seine Bedeutung auf dieser Welt. Überlegen Sie nur einmal, wie viele Dinge und Ideen Sie in Ihrem Leben schon abgelehnt, Sie als ›unmöglich‹ bezeichnet haben und doch später feststellen mußten, daß Sie im Unrecht waren! Zu dem Zeitpunkt, in dem Sie aber von der Idee hörten, in der Sie sich in der Diskussion darüber befanden, hätten Sie jeden Eid geschworen, im Recht zu sein.

**Jeder Mensch glaubt von sich,
er sei der Mittelpunkt der Erde.**

Vielleicht sollten Sie deshalb in Zukunft bei jeder Diskussion, bei jeder neuen Idee (so ungewöhnlich sie sich zunächst auch anhören mag) erst einmal zuhören, sie auf sich wirken lassen und nicht gleich bewerten. Jede spontane Bewertung ist ja bekanntlich ein Produkt Ihrer gespeicherten Programme. Haben Sie nun in einigen Jahren andere, neue Programme gespeichert und sind

diese stärker als Ihre alten, dann haben Sie eine andere Wirklichkeit.
Gerade beim Übergang vom Jugendlichen zum Erwachsenen erleben wir sehr oft, wie sich Weltanschauungen sozusagen über Nacht verändern. Für einen Studenten mag jeder Unternehmer, jeder strebsame und ehrgeizige Mitarbeiter ein Spießer, Kapitalist und Reaktionär sein. Sobald er dann sein Studium beendet hat, selbst für seinen Lebensunterhalt sorgen muß, ins Berufsleben eintritt, sieht er die andere Seite der Medaille, hat neue Erkenntnisse, legt damit neue Programme an – und ändert seine Meinung und damit seine Wirklichkeit. Kommt er nun in eine Diskussion mit einem Studenten, der auf die Unternehmen und den Kapitalismus schimpft, so wird er mit starken Emotionen genau die gegenteilige Meinung von der vertreten, die er selber noch vor einigen Jahren hatte.
Seien Sie deshalb immer offen für alles. Dies gilt sowohl für das Privat- als auch für das Berufsleben. Viele Unternehmen könnten wahre ›Quantensprünge‹ vollbringen, wenn sie bereit wären, ihre Wirklichkeit zu vergessen, fähig wären, neue Wege zu gehen und neue Ideen sowie Kreativität zuzulassen. Doch hier sind leider › Betonköpfe ‹ in der Verantwortung, die vieles blockieren.
Ich wurde einmal von einer Aktiengesellschaft als Referent für eine Mitarbeiterkonferenz engagiert. Zunächst hielt ich meinen Motivationsvortrag, und anschließend sollte ein großes Brainstorming mit allen Mitarbeitern stattfinden. Beim Brainstorming war ich allerdings nur noch als Gast eingeladen – und konnte dann meinen Augen und Ohren nicht trauen, wie diese Art des ›Brainstormings‹ ablief. Der Vorstandsvorsitzende hatte zwei Flipcharts aufstellen lassen, und alle Mitarbeiter saßen im Kreis. Er ermutigte nun die Mitarbeiter, sie sollten doch einmal all ihre Ideen vorbringen, da er neue Wege im Unternehmen gehen, die Mitarbeiter stärker in die Verantwortung und den Ablauf einbinden wolle, schließlich sei das Unternehmen ja auch auf die Ideen aller Mitarbeiter angewiesen. Der erste Mitarbeiter meldete sich zögerlich und brachte eine Idee vor. Die Antwort des Vorstandsvorsitzenden: »Müller, das gehört nun aber nicht hierher, hier geht es nur darum, Ideen zu produzieren.«

Es meldete sich ein zweiter Mitarbeiter. Die Antwort eines Vorstandsmitglieds: »Schmitt, diese Idee ist nicht umsetzbar in unserem Unternehmen, deshalb schreibe ich sie gar nicht erst an die Pinwand.« In diesem Tenor ging es dann weiter, so daß schließlich nur einige wenige Ideen (von Ideen konnte dann gar nicht mehr gesprochen werden) auf der Flipchart standen. Nach einer Stunde war das Brainstorming dann abgeschlossen, denn es wartete das Mittagessen auf alle Beteiligten.
Doch dies ist kein Einzelfall. Am Ende jenes Brainstormings wurde nur die Idee umgesetzt, die der Vorstandsvorsitzende selbst eingebracht (und schon zuvor entschieden) hatte. Verhalten Sie sich deshalb richtig. Brainstorming ist toll, und es gibt nichts Besseres, um alte Programme aufzubrechen und kreativ weiterzugehen. Wenn Sie also ein Brainstorming veranstalten wollen, dann achten Sie bitte auf folgende Punkte:

1. Jeder Beteiligte kann beliebig viele Ideen vorbringen.
2. Jede Idee wird schriftlich festgehalten, so abwegig und unsinnig sie auch zuerst erscheinen mag (auf Flipchart, ersichtlich für alle).
3. Keine der vorgetragenen Ideen wird bewertet, sondern notiert.
4. Es wird während des Vortragens und Notierens nicht diskutiert.
5. Sobald der Ideenfluß beendet ist, sollten Sie die unmöglichsten Querverbindungen zwischen den einzelnen Ideen aufnehmen und erneut notieren.
6. Nun werden Ihnen bereits einige neue Ideen und Möglichkeiten eingefallen sein. Und jetzt suchen Sie sich die wichtigste, interessanteste Idee heraus (oft auch die ungewöhnlichste), und beginnen Sie, diese zu planen.
7. Diskutieren Sie bei jeder Idee zunächst die Möglichkeiten und Chancen, die in dieser Idee liegen, und nicht die Dinge, die dagegensprechen, die negativ sind.

Wenn Sie auf diese Weise bei einem Brainstorming vorgehen, werden Sie über die Ergebnisse überrascht und begeistert sein.

Achten Sie allerdings darauf, daß möglichst wenig während des Brainstormings bewertet wird. Haben Sie nun die Erkenntnis gewonnen, daß wir Menschen viel zu intolerant sind? Sehr gut, denn dieser Erkenntnisprozeß prägt sich ganz fest und tief in Ihr Unterbewußtsein ein. Arbeiten Sie deshalb ständig daran, Ihre Wirklichkeit nicht zu bewerten – und seien Sie tolerant zu den Wirklichkeiten anderer Menschen. Nur wenn Sie nicht mehr bewerten, erfahren Sie neue Wirklichkeiten, erweitern Sie Ihren Horizont. Die größten Erfolge entstehen meist aus sich zunächst verrückt anhörenden Ideen.

»An sich ist nichts gut oder böse, erst das Denken macht es dazu!«
William Shakespeare

Leitthesen zu 6.4:

1. Die Wirklichkeit existiert nur in unserer Phantasie!
2. Die Wirklichkeit hängt von Ihren bisherigen Speicherungen ab!
3. Es gibt keine Wirklichkeit!
4. Jede Wirklichkeit ist rein subjektiv!
5. Seien Sie tolerant zu anderen Menschen. Diese haben lediglich eine andere Wirklichkeit als Sie!
6. Jeder Mensch glaubt von sich, er sei der Mittelpunkt der Erde!
7. An sich ist nichts gut oder böse, erst das Denken macht es dazu!

6.5 Programmierung

Jeder Gedanke hat die Tendenz, sich zu verwirklichen.

Sie wissen nun, wie Ihr Unterbewußtsein aufgebaut ist, wie es funktioniert. Doch all diese Erkenntnisse nutzen relativ wenig, wenn sie nicht zum Handeln führen. Erkenntnisse sind wichtig – *aber das Handeln erst bringt den Erfolg!* Jeder Gedanke hat das Bestreben, sich zu verwirklichen. Deshalb möchte ich Ihnen in diesem Kapitel Strategien und Methoden nahebringen, mit deren Hilfe Sie ab sofort mehr positive als negative Gedanken haben werden.

Positives Denken heißt nicht,
daß Sie keine negativen Gedanken mehr bekommen,
sondern daß diese wieder verschwinden.

Durch die Erkenntnisse, die Ihnen dieses Buch vermittelt, wird Ihnen ein negativer Gedanke sofort bewußt auffallen, sobald er sich einschleicht. Ihre Aufgabe ist es dann, zu handeln, das heißt, sofort einen positiven Gedanken zu formen.
Führen Sie bitte zunächst die nachfolgende Aufgabe durch, ehe Sie im Text weiterlesen.

Aufgabe: Positiv-/Negativ-Liste. Schreiben Sie in die nachfolgende Liste alle Menschen und Bereiche auf, die Sie negativ oder positiv beeinflussen. Überlegen Sie dabei, wie die Menschen aus Ihrem Bekanntenkreis über Erfolg sprechen. Wie Sie über Ziele denken. Ist überhaupt Resonanz vorhanden? Haben Sie gemeinsame Ziele? Gibt es Menschen, die Sie loben, Sie anerkennen? Welche Menschen hindern Sie am Erfolg, denken negativ, machen alles schlecht, lehnen Neues ab? Ähnlich verfahren Sie bei den verschiedensten Bereichen – etwa: Ist Ihr Unternehmen ein Bereich, der Sie aufbaut, der Sie fordert (positiv), der Ihnen Ziele und Zukunftsmöglichkeiten eröffnet? Oder ist Ihr Betrieb eher hemmend, negativ, energievermindernd?
Machen Sie sich bitte zu jedem Bereich und zu jedem Menschen Gedanken, und tragen Sie diese in die Liste ein.
Alles beeinflußt uns! Ist es Ihnen nicht schon passiert, daß ein Mensch mit einer schlechten Laune, einem mürrischen, griesgrämigen Gesicht, auch Ihre eigene Laune herabgesetzt hat? Ist es Ihnen im anderen Fall nicht schon so gegangen, daß ein fröhli-

Negative Menschen und Bereiche	Positive Menschen und Bereiche

cher, lachender, lebensbejahender Mensch auch Ihre eigene Stimmung hebte?
In meinen Seminaren zeige ich mit einfachen Zeichensymbolen, wie uns jedes Bild, das wir sehen, beeinflußt. Ein positives Bild, nur wenige Sekunden betrachtet, steigert unser Energie- und Wohlbefinden, ein negatives Bild raubt uns bis zu 90 Prozent unserer Kraft und Energie. Den Seminarteilnehmern wird dadurch klar, daß sie selbst immer und von jedem einzelnen Menschen beeinflußt werden, aber auch, daß sie selbst die Kraft und Möglichkeit besitzen, andere Menschen zu beeinflussen.

Positiv

- Baut auf
- Gibt Energie
- Stärkt die Kräfte um bis zu 90 Prozent

Negativ

- Baut ab
- Kostet Energie
- Senkt die Kraft um bis zu 90 Prozent

Sie haben die anfangs gestellte Aufgabe durchgeführt? Nun, dann haben Sie eine Erkenntnis gewonnen: Welche Menschen und Bereiche Ihren Regalraum mit positiven Aktenordnern füllen und welche Menschen und Bereiche negative Aktenordner füllen und in Ihrem Lagerraum ablegen. Es liegt nun an Ihnen, was Sie mit diesen Erkenntnissen anfangen. Vielleicht befindet sich für Sie die eine oder andere schmerzliche Erkenntnis darunter. Ist auf der negativen Seite eventuell ein geliebter Mensch, ein Familienmitglied aufgeführt? Ich sage jetzt nicht, Sie sollten sich möglichst schnell von den Menschen trennen, die Sie negativ beeinflussen. Aber Sie sollten sich sehr genau zu jedem einzelnen Gedanken machen und ins Handeln kommen.

Bei welchen Menschen haben Sie die Möglichkeit, deren Bewußtsein zu entwickeln und zu entfalten? Bei diesen Menschen ist es Ihre Aufgabe, all Ihre Kraft und Energie einzusetzen und Ihnen neue Erkenntnisse zu verschaffen. Dies kann etwa durch ein Buch geschehen, welches positive Einstellungen vermittelt, auch durch ein intensives Gespräch, auch durch die Teilnahme an einem entsprechenden Seminar. Unternehmen Sie alles, was möglich ist, um solch einem Menschen zu helfen. Es gibt natürlich Menschen, die sich nicht entwickeln, sich nicht helfen lassen wollen. Sie werden Ihre Hilfe ablehnen, Sie belächeln, ja, vielleicht sogar bekämpfen. Deshalb beobachten Sie sehr genau, ob bei diesen Menschen eine Veränderung erfolgt. Setzen Sie sich auch hier klare Ziele, einen klaren Termin. Sollte sich keine Veränderung ergeben, dann müssen Sie Ihre Konsequenzen ziehen. Trennen Sie sich von solchen Menschen, um nicht in eine negative Kettenreaktion eingebunden zu werden. *Jeder Mensch, auf den Sie treffen, beeinflußt Sie* – diese Erkenntnis mußten bereits Tausende von Teilnehmern in unseren Seminaren erfahren. Hüten Sie sich also vor negativ eingestellten Menschen und kräftezehrenden Bereichen.
Wenn Ihre Firma auf der negativen Seite aufgeführt ist, dann machen Sie sich auch hier Gedanken darüber, was und vor allem *wie* etwas zu verändern ist. Es lohnt sich, auch hier Kraft und Zeit zu investieren. Doch wenn Sie zu der Überzeugung gelangt sind, daß nichts Wesentliches zu verändern ist, dann sollten Sie Ihre Konsequenzen ziehen und die Firma wechseln. Ansonsten werden Sie die Hälfte Ihres Lebens permanent mit negativen Suggestionen aufgeladen und verschenken auf diese Weise Ihre Lebensfreude.
Suchen Sie dagegen die Nähe von positiv eingestellten Menschen. Werden Sie aktiv, laden Sie diese Menschen ein, haben Sie sie zum Vorbild, und eifern Sie ihnen nach (zumindest bis zu einem gewissen Punkt). Sie werden von diesen Menschen beeinflußt, und Sie beeinflussen diese Menschen. Eine positive Kettenreaktion ist in Gang gesetzt. Wenn Sie mein Buch *Sicher zum Spitzenerfolg* gelesen haben, dann erinnern Sie sich sicher noch an das Kapitel ›Magnet im Bauch‹. Darin beschreibe ich, daß Menschen immer Menschen mit gleicher Denkweise anziehen,

ob dies nun im Kleinen oder im Großen geschieht – selbst bei Konzernen ist dieses Gesetz auf Dauer zu beobachten. Sie wissen nun um die Hintergründe dieses Gesetzes – jetzt liegt es an Ihnen, Ihre Erkenntnisse auch in die Praxis umzusetzen.

Sie wissen, daß jedes Wort, jedes Bild, das wir sehen und hören, zeitlebens abgespeichert bleibt. Je öfter und intensiver etwas abgespeichert wird, desto stärker ist die Wirkung. Deshalb besitzen die Medien eine ungeheure Macht. Doch wenn Sie die Medienlandschaft betrachten, so stellen Sie fest, daß über 70 Prozent aller Nachrichten und Programme negative Inhalte haben. Ist es dann ein Wunder, wenn bei Umfragen 78 Prozent der Menschen nicht mehr an ein Weiterbestehen der Erde glauben?
In diesem Zusammenhang stellt sich die Frage, ob es wirklich notwendig ist, fünfmal täglich Nachrichten zu lesen, zu hören und zu sehen. Was haben Sie davon, wenn Sie mit einem bestimmten Schiffsunglück innerhalb von drei Tagen insgesamt zwanzigmal konfrontiert werden? So hart es klingen mag: Den zu Tode gekommenen Menschen kann nicht mehr geholfen werden. Die Frage ist: Wie reagieren Sie persönlich auf negative Nachrichten? Steigt Ihre Energie? Nimmt sie ab? Sie werden feststellen: Negative Nachrichten und Meldungen beeinträchtigen Ihr Wohlbefinden, Ihre Energie. Dies hat natürlich zur Folge, daß Sie in Ihrem Leben, bei der Erfüllung Ihrer Aufgaben weniger Energie einsetzen können und dadurch weniger erfolgreich sind. Möglicherweise wirkt sich dies im Laufe der Zeit auch negativ auf die Menschen aus, die mit Ihnen ständig zu tun haben.
Niemand hat also etwas davon, wenn negative Nachrichten Sie so beeinflussen, daß Ihr eigenes Leben und möglicherweise das Leben vieler Menschen, die mit Ihnen in Kontakt stehen, dadurch beeinträchtigt wird. Es gibt beispielsweise Menschen, die sich darüber aufregen, daß beim Thunfischfang auch Delphine in die Netze geraten und elendig zugrunde gehen. Bei jeder Dose Thunfisch, die sie kaufen, werden sie daran erinnert – doch ins Handeln kommen sie nicht. Es gibt nun drei Möglichkeiten: Die erste: Man nimmt diesen bedauerlichen Umstand zur Kenntnis, hat auch Mitgefühl, aber man läßt diesen Gedanken dann

auch wieder los. Die zweite: Aus dem Mitgefühl heraus kommt man ins Handeln, wird vielleicht Mitglied einer Schutzorganisation für Delphine oder startet eine Unterschriftensammlung oder wendet sich massiv an die zuständigen Politiker. Die dritte: Wie viele andere Gleichgesinnte kauft man keinen Thunfisch mehr – denn wo keine Nachfrage ist, da verschwindet auch bald das Angebot. Doch Mitleid haben, in Mitleid zerfließen und dennoch nichts tun, ist die schlechteste Lösung für alle Beteiligten. Doch genau so verhalten sich viele.
Beschäftigen Sie sich lieber mit Medien, die Positives vermitteln, indem Sie etwa ein entsprechendes Buch lesen: Vor allem *kurz vor dem Einschlafen*, sollten Sie positive Gedanken in Ihr Unterbewußtsein programmieren, denn in der anschließenden Schlaf- und Traumphase kann sich Ihr Unterbewußtsein damit beschäftigen – und die Speicherung verstärkt sich. Dabei ist es gar nicht notwendig, stets die unterschiedlichsten neuen Bücher über positives Denken zu lesen. Wenn Sie einige wenige gute gefunden haben, dann lesen Sie immer wieder einmal darin – *denn jede Wiederholung sorgt für eine Verstärkung!*
Alles im Leben ist ein Prozeß gegenseitiger Beeinflussung. Eine Suggestion wirkt dabei wie ein Samenkorn: Zunächst mag es noch klein und unbedeutend erscheinen, doch in jedem Korn ist bereits die Ähre enthalten. Säen Sie Hafer, und Sie werden – mit einer zeitlichen Verzögerung – Hafer ernten. Möchten Sie Weizen ernten, dann müssen Sie auch Weizen säen. Genauso verhält es sich mit dem Erfolg. Wenn Sie positive Gedanken säen, welche den Glauben an sich und Ihr Ziel enthalten, dann werden Sie Erfolg ernten.

Du bekommst das, was du dir vorstellen kannst!

Alles, was uns im Leben berührt, beeinflußt uns. Das mag das Wetter sein, mögen Menschen, Erlebnisse, Zeitschriften, ja sogar einzelne Wörter sein. Folgende Ergebnisse eines Testes, den ich immer bei meinen Persönlichkeitsseminaren durchgeführt habe, soll Ihnen diese Beeinflußbarkeit verdeutlichen …

Jeder Seminarteilnehmer erhält die Aufgabe, sich selbst zu beschreiben, also auf ein Blatt Papier die Meinung aufzuschreiben, die er selbst von sich hat. Anschließend sammle ich diese Angaben ein. Nach einer gewissen Zeit teile ich die Antworten wieder aus (anonym, die Blätter weisen keine Namen auf, und in einer anderen Reihenfolge). Ich halte dann die Teilnehmer dazu an, einmal die Antwort eines anderen Seminarteilnehmers aus dieser Runde zu lesen und sich Gedanken darüber zu machen, um wen es sich handeln könnte. Dann sammle ich die Blätter wieder ein. Anschließend muß sich jeder Teilnehmer nochmals selbst schriftlich beurteilen.
Was die Seminarteilnehmer nicht wissen: Die Bewertungsbogen, von denen sie glauben, sie stammen von einem der anderen Teilnehmer, stammen von mir. Auch habe ich die Antworten nicht wahllos verteilt, sondern die eine Hälfte der Seminarteilnehmer erhielt einen Bewertungsbogen, der sehr positiv formuliert war, während die andere Hälfte einen Bewertungsbogen mit einer sehr negativen Selbstmeinung erhielt. Das Ergebnis ist jedesmal verblüffend: 90 Prozent der Seminarteilnehmer, die einen Bewertungsbogen mit einer schlechten Beurteilung gelesen haben, haben sich anschließend schlechter als beim ersten Mal beschrieben und bewertet. Und 90 Prozent der Seminarteilnehmer, die eine sehr gute Selbstbeurteilung von mir erhielten und durchlasen, bewerteten sich anschließend sehr viel positiver als beim ersten Mal. Sie sehen also, wie beeinflußbar wir Menschen sind. Es reicht aus, einige Minuten die Selbstbewertung eines anderen Menschen zu lesen – und wir ändern sofort (mehrheitlich) unsere Meinung von uns selbst, und zwar sowohl in positiver als auch in negativer Hinsicht.
Erstaunlich ist auch die ›Ansteckungskraft der Gefühle‹. Hierzu greife ich eine Passage aus Tom Peters' Buch *Kreatives Chaos* auf... Der englische Wissenschaftler Sir Francis Galton (1822 bis 1911) war ein Vetter Darwins und einer der klügsten Köpfe seiner Zeit. Er begründete die moderne Erblehre und war wesentlich an der Entdeckung und Auswertung der Tatsache beteiligt, daß jeder Mensch auf seinen Fingerkuppen ganz charakteristische und einmalige Linien aufweist. Das war praktisch

die Vorwegnahme der Fingerabdruckmethode, die aufgrund dieser Forschungsergebnisse 1885 bei jeder Polizei eines modernen Staates eingeführt worden ist. Dieser Francis Galton befaßte sich auch mit psychologischen Problemen, obwohl zu jener Zeit (außer dem Namen) noch nicht viel von ›der Psychologie‹ bekannt gewesen ist. Eines Tages machte Galton folgenden ›Gedanken-Versuch‹: Bevor er seinen alltäglichen Morgenspaziergang in London antrat, stellte er sich ganz fest vor: »Ich bin der meistgehaßte Mann Englands!« Nachdem er sich einige Minuten lang auf diese Vorstellung konzentriert hatte (was praktisch einer Selbsthypnose gleichkam), trat er seinen Spaziergang an – wie immer. Doch das schien nur so. Denn tatsächlich passierte folgendes: Einige Passanten riefen ihm Schimpfworte zu, andere wandten sich mit Gebärden des Abscheus von ihm ab. Ein Arbeiter aus dem Hafen rempelte ihn im Vorbeigehen mit dem Ellbogen so an, daß Galton der Länge nach in den Dreck fiel. Sogar auf Tiere schien sich die Animosität gegen ihn übertragen zu haben. Denn als er an einem Droschkengaul vorbeiging, schlug dieser aus und traf den Gelehrten so stark an der Hüfte, daß der erneut zu Boden ging. Als es daraufhin einen kleinen Volksauflauf gab, ergriffen die Leute Partei – für das Pferd. Woraufhin Galton das Weite suchte und in seine Wohnung zurückeilte. Diese Geschichte ist verbürgt und findet sich in englischen und amerikanischen Psychologiebüchern unter dem Titel *Francis Galtons famous walk* wieder.

Sie schmunzeln bei dieser Geschichte und sind der Meinung, hier handle es sich um eine Verkettung von Zufällen? Wenn diese Meinung Ihrer Wirklichkeit entspricht, dann ist das okay – aus Ihrer subjektiven Sichtweise heraus gesehen. Doch nach meinen Erkenntnissen ist diese Geschichte durchaus kein ›Zu-fall‹ im herkömmlichen Sinne, sondern die logische Folgerung und Konsequenz eines Gedankengangs.

Gedanken und Gefühle besitzen eine ungeheure Ansteckungskraft.

Es ist immer wieder zu beobachten: Je größer eine Gruppe von Menschen ist, desto stärker wirkt die Ansteckungskraft der Gefühle. Bei einem Brand im Kino beispielsweise kommt man mit Logik und Verstand nicht weiter, denn hier sind die Gefühle eindeutig stärker. Die Menschen stecken sich gegenseitig mit ihren Gefühlen an, und schließlich bricht eine Panik aus – wider aller Vernunft und Logik. Eine einmal in Panik geratene Menge von Menschen ist jedoch unberechenbar und nicht mehr mit Vernunftgründen zu leiten.
Im Alter von sechs Jahren besuchte ich mit meinem Vater eine Veranstaltung, die, obwohl dort ein großes Zelt aufgebaut war, mehr oder weniger unter freiem Himmel stattfand. Es war ein herrlicher Sommerabend, jedoch braute sich in kurzer Zeit ein fürchterliches Gewitter zusammen. Plötzlich schlug ein Blitz in das Zelt ein, und es entstand eine Massenhysterie, die sich in einer fluchtartigen Panik ausdrückte. Mein Vater – wir befanden uns gerade in besagtem Zelt – reagierte geistesgegenwärtig, stieg mit mir zusammen auf einen der Tische und wartete in aller Ruhe ab, bis die in Panik geratene Menge das Zelt verlassen hatte. Dieses Erlebnis werde ich zeitlebens nicht mehr vergessen, hat es doch gezeigt, welche Kraft in der Ansteckungskraft der Gefühle liegt.
Vor einiger Zeit wurde ich zu einem Formel-I-Rennen am Hokkenheimring eingeladen. Als ich nun auf der Tribüne saß, war mir die Begeisterung der Motorsportfans – vor allem im Hinblick auf Michael Schumacher – zunächst eher befremdlich. Als dann beim Training der deutsche Formel-l-Star das erste Mal im Motodrom auftauchte, schwenkten Zehntausende von Zuschauern begeistert ihre Fahnen, sprangen von den Sitzen hoch, jubelten und zündeten zahlreiche Feuerwerkskörper. Ich beobachtete das alles zuerst mit Belustigung. Als er in der zweiten Runde wieder auftauchte, stand ich bereits auf, um überhaupt etwas zu sehen. In der dritten Runde begann ich bereits ebenfalls zu fiebern, sobald über die Kopfhörer bekannt wurde, daß Michael Schumacher in wenigen Sekunden im Motodrom auftauchen würde. Und ob Sie es nun glauben oder nicht: Nach Beendigung des ersten Trainings lief ich als einer der ersten Zuschauer zu einem Fanartikelstand und deckte mich mit Michael-Schumacher-

Mütze, mit einer Fahne und einer lauten Hupe ein, nur um damit beim nächsten Training als einer der eifrigsten meine Begeisterung für den Kerpener zu zeigen. Sie halten das für verrückt? Dann sehen Sie sich einmal ein Konzert einer Rockgruppe oder das eines bekannten Tenors an. Es ist nahezu unmöglich, sich gegen die Ansteckungskraft der Gefühle zu wehren – und es wird um so schwieriger, je größer die Gruppe von Menschen ist, in der Sie sich befinden.

Zu allen Zeiten haben diese Erkenntnisse natürlich auch Menschen für ihre negativen Manipulationen ausgenutzt. Man denke hier nur an das Dritte Reich. Hitler wie Goebbels wußten auf dieser Klaviatur der Manipulation meisterlich zu spielen. Mit ihren Reden rissen sie Tausende von Deutschen mit, selbst in den Strudel des Wahnsinns. Doch damals war für viele Deutsche das meiste ganz normal“ denn sie waren entsprechend programmiert. Aus ihrer Sichtweise heraus waren viele Dinge, die im Dritten Reich passierten, logisch und in Ordnung. Die gleiche Methodik wenden auch heute noch viele Menschen(ver)führer an, leider nicht immer im positiven Sinne. Doch wenn es möglich ist, daß Menschen Selbstmord für einen Sektenführer begehen (Davidianer-Sekte 1993 in den USA oder andere Menschen auf Befehl zu töten [Aum-Sekte in Tokio, 1995]), dann muß es auch möglich sein, *Menschen zu etwas Positivem, zu etwas Aufbauendem zu bewegen.*

Vielleicht haben Sie schon einmal einer Hypnosevorführung als Zuschauer beigewohnt. Wenn ja, dann wurden Sie sicherlich Zeuge von unglaublichen Geschehnissen. Ein Hypnotiseur kann beispielsweise einem Menschen suggerieren, er werde gleich anschließend Sahne essen, die sehr süß schmecke – um ihm dann Rasierschaum zu servieren. Die Person wird den bitteren Rasierschaum mit großer Wonne und Freude zu sich nehmen.

Einem anderen hypnotisierten Menschen wird beispielsweise suggeriert, er werde gleich anschließend in einen wohlschmeckenden, köstlich-süßen Pfirsich beißen (bei dem es sich dann um eine Zitrone handelt). Nach einer solchen Suggestion wird die hypnotisierte Person mit Begeisterung in die Zitrone beißen und danach schwören, einen süßen Pfirsich zu sich genommen zu haben.

Es gibt auch unzählige Versuche mit der Hypnose, die beweisen,

wie stark ein Mensch beeinflußbar ist. So hat ein Hypnotiseur einem Patienten erklärt, es werde gleich anschließend ein glühendes Fünfmarkstück auf seinen Unterarm gelegt. Der Patient wurde aus der Hypnose geweckt, und es wurde ihm ein ganz normales Fünfmarkstück auf den Unterarm gelegt. Sofort schleuderte es der Patient mit einem Schmerzenslaut von sich. Bereits wenige Augenblicke später begann sich die Haut zu röten, und nach einigen Minuten bildete sich an der Stelle, auf der das Fünfmarkstück gelegen hatte, eine Brandblase!
Sie sehen also, wie leicht es ist, einem Menschen etwas zu suggerieren. Dabei spielt es oftmals keine Rolle, ob die Suggestion etwas Negatives oder Positives zum Inhalt hat. Der Körper produziert eine Brandblase – obwohl kein Grund vorliegt. Der Magen produziert mehr Magensäfte – obwohl nichts gegessen wird. Und so ist es mit vielen Dingen in unserem Leben: Wir haben Programme in uns, die automatisch ablaufen; wir lassen uns beeinflussen und manipulieren, ohne uns dagegen zu wehren. Da Sie nun über entsprechende Erkenntnisse und Informationen verfügen, liegt es an Ihnen, ob Sie diesen Kreislauf durchbrechen und damit in Zukunft zu den *wirklich erfolgreichen Menschen gehören.*
Ich weiß nicht, welche Programme in Ihrem Unterbewußtsein gespeichert wurden. Wurden Sie in Ihrer Kindheit und im Laufe Ihres Lebens eher ›klein‹ oder eher ›groß‹ gemacht? »Du schaffst das nicht!« – »Du kannst das nicht.« – »Laß das sein ...« – »Paß auf, daß dir nichts passiert ...« – »Sei vorsichtig ...« All diese Suggestionen werden den meisten Menschen einprogrammiert. Ist es dann wirklich ein Wunder, ist es wirklich Zufall, wenn diese Menschen dann auch zu einem späteren Zeitpunkt ihres Lebens ängstlich, mißtrauisch und negativ eingestellt sind?
Wenn es aber stimmt, daß jeder Gedanke die Tendenz hat, sich zu verwirklichen, wie wirken sich dann solche Suggestionen im Laufe unseres Lebens aus? 90 Prozent der Menschen haben keine Ziele, keine Wünsche, keine Träume, keine Visionen. Kinder haben noch Wünsche und Träume und teilen diese auch ihrer Umwelt mit. Doch ab einem gewissen Zeitpunkt ihres Lebens wird ihnen dann suggeriert, ›Träume seien eben nur Schäume‹ – und es sei allemal besser, den »Spatz in der Hand als die Taube

auf dem Dach« zu haben. Es gibt wohl keine unsinnigere Suggestion, die so zukunftsverachtend ist wie die letztere. Sei also mit dem Spatz zufrieden, denn die Taube auf dem Dach könnte ja davonfliegen. Diese ›Weisheit‹ gebiert geradezu Menschen, die scheinbar irgendwann ›beschlossen‹ haben, den Mißerfolg auf ihre Fahne zu schreiben.

Wenn ich hier Sprichwörter und Schlagworte herausgreife, dann geht es natürlich nicht um diese formelhaften Sätze, sondern es geht um das Verhalten der Umwelt gegenüber dem einzelnen. Die Umwelt – das sind für jeden zunächst einmal die Eltern. Auch sie suggerieren – indem sie uns beispielsweise nur dann lieben, wenn wir uns entsprechend ihren Vorstellungen verhalten. Sind wir etwa unruhig und laut, obwohl die Eltern in Ruhe fernsehen wollen, dann haben sie uns nicht so lieb, Bringen wir schlechte Noten nach Hause, haben sie uns ebenfalls nicht lieb. Fällt unser Zeugnis dagegen sehr gut aus, dann sind wir liebe Kinder – und werden geliebt. Diese Suggestionen sorgen im Laufe der Zeit dafür, daß sich uns ein ganz bestimmtes Bild einprägt: Wir sind, um Anerkennung und Liebe zu erhalten, dazu verdammt, erst einmal etwas ›Anständiges‹ zu leisten. Solch ein Verhalten ist gerade im Westen sehr ausgeprägt und läßt viele Menschen ihr Leben lang nicht mehr los. Sie haben immer das Gefühl, nicht gut genug zu sein, glauben immer, sie müßten erst etwas tun, müßten sich so verhalten, wie es die anderen von ihnen erwarten, um Anerkennung, Lob und Liebe anderer zu erhalten.

Wenn uns aber alles im Leben beeinflußt, vor allen Dingen die Menschen in unserer Umgebung, dann erscheint das folgende Sprichwort durchaus logisch.

**»Sage mir, mit wem du gehst,
und ich sage dir, wer du bist!«**
Volksmund

Doch diese Erkenntnisse, warum Sie sich heute vielleicht so oder so verhalten und wer möglicherweise für Ihre Programme verantwortlich ist, sind zwar gut und wichtig, spielen aber eigentlich für Ihre Zukunft nur eine untergeordnete Rolle. Entscheidend ist, ob Sie heute damit beginnen, *neue Programme anzulegen*, ob Sie heute in der Lage sind, *Ihr Leben selbst zu bestimmen.*

Bis jetzt waren Sie vielleicht ein Mensch, der von anderen Menschen bestimmt und geleitet wurde, doch ab heute haben Sie die Möglichkeit, Ihr eigenes Leben zu führen, sich Ihre eigene Zukunft zu erschaffen. Jeder schafft sich die Zukunft, die er sich wünscht. Sie haben die wunderbare Möglichkeit, sich selbst zu beeinflussen. Denn wenn es möglich ist, daß uns andere Menschen beeinflussen, daß wir Rasierschaum als süße Sahne empfinden, daß wir uns keine großen Ziele mehr zutrauen, dann ist es auch möglich, daß wir uns selbst auch positiv beeinflussen können.

Wenn es möglich ist, daß uns andere Menschen beeinflussen, dann ist es auch möglich, daß wir uns selbst beeinflussen!

Bei den fünfhundert erfolgreichsten amerikanischen Menschen, die der Journalist Napoleon Hill untersuchte, stand die Autosuggestion (Selbstbeeinflussung) mit an vorderster Stelle. Ein Ziel haben und sich diese Ziele vorstellen und einreden können, das ist Autosuggestion.

Bei diesen Suggestionen gibt es allerdings einige grundlegende Dinge zu beachten, da sie sonst möglicherweise genau das Gegenteil von dem bewirken, was Sie erreichen wollen. So ist vor allem eines wichtig: *Jede Suggestion muß affirmierend sein, also bejahend.*

Hierzu folgender kleiner Test: Bitte stellen Sie sich jetzt nicht den Eiffelturm in Paris vor. Bitte denken Sie jetzt nicht an den Eiffelturm. Bitte haben Sie kein Bild vom Eiffelturm vor Augen. Und nun machen Sie bitte einige Sekunden Pause, ehe Sie im Text weiterlesen.

Nun, was ist passiert? Wahrscheinlich haben Sie die gleiche Erfahrung gemacht wie vor Ihnen alle anderen Menschen bei dieser Übung: Sie konnten es nicht verhindern, an den Eiffelturm in Paris zu denken.

Wenn aber das Unterbewußtsein das Wort ›nicht‹ nicht versteht, dann sollten Sie ab sofort nur noch bejahende Aussagen treffen -beispielsweise die folgenden:
»Ich bin konstant und zuverlässig!« statt: »Ich werde nicht mehr wankelmütig sein.«
»Ich bin entschlossen!« statt: »Ich werde nicht unentschlossen sein.«
»Ich bin selbstsicher!« statt: »Ich werde nicht mehr rot werden.«
»Ich spreche ruhig, sicher und gleichmäßig!« statt: »Ich werde nicht mehr stottern.«
»Ich bin ruhig und gelassen!« statt: »Ich werde mich nicht mehr aufregen.«

Die Suggestion: »Ich werde nicht rot« beispielsweise wird das Rotwerden geradezu fördern. Statt dessen wird die Suggestion: »Ich bin ruhig, habe Selbstvertrauen und bin selbstsicher!« viel eher zu dem führen, das Sie anstreben: nicht rot zu werden.
Nirgendwo steht geschrieben, negierende Aussagen zu bevorzugen. Trotzdem sind sie, leider, gerade in der deutschen Sprache sehr verbreitet. Doch bitte achten Sie auf folgendes: Das Wörtchen ›nicht‹ wird von Ihrem Unterbewußtsein nicht verstanden! Auf diese Weise bedeutet ›nicht arm‹ eben ›arm‹, ›nicht aufgeregt‹ eben ›aufgeregt‹, ›nicht unentschlossen‹ eben ›unentschlossen‹. Achten Sie also darauf, wie Sie Ihre Suggestionen formulieren.
Geben Sie Ihrem Unterbewußtsein immer Suggestionen in der Gegenwartsform. Durch die Affirmation, also die Bejahung, gilt das Gewünschte dann bereits als eingetroffen. Ihre rechte Gehirnhälfte ist für die Träume und für die Phantasie zuständig. In ihr werden die Einbildungskraft, die Erfindungsgabe und der Einfallsreichtum erzeugt. Dieser Gehirnteil denkt jedoch in Bildern und wird auch durch Bilder angesprochen. Jedes Bild, das sich festsetzt, wird im Laufe der Zeit auch zur Wirklichkeit.
Ich habe in diesem Buch bereits den Versuch beschrieben, den ich in Seminaren mit den beiden Suggestionen »Ich werde...«

und »Ich bin . . .« durchführe. Vielleicht finden Sie ja einmal die Zeit, einige Tage für dieses Seminar zu investieren und als Gast dabeizusein, dann werden auch Sie bei diesem Test die Erkenntnis gewinnen, wie unglaublich stark sich die Suggestionskraft der Gegenwartsform bzw. wie energievermindernd sich die Suggestion in der Zukunftsform auswirkt.
Für das Unterbewußtsein bedeutet die Suggestion: »Ich werde erfolgreich« lediglich, bisher noch nicht erfolgreich gewesen zu sein. Diese Suggestion bewirkt nichts anderes, als daß Sie ein Leben lang auf dem Weg zum Erfolg sind – aber nie ans Ziel kommen! Genau das gleiche erfolgt durch die Suggestion: »Ich werde abnehmen.« Sie werden Ihr Leben lang dabei sein, abzunehmen, doch schlank sein werden Sie Ihr Leben lang eben nicht. In diesem Fall müßte die richtige Suggestion lauten: »Ich bin schlank.« Nach dieser Art der Selbstbeeinflussung haben bereits viele erfolgreiche Menschen mental trainiert. Wenn auch Sie danach arbeiten wollen, sollten Sie bewußt darauf achten, ob Ihre Trainer die folgenden Regeln auch wirklich beachten:

- Bejahend (»Ich bin *entschlossen*«).
- In der Gegenwartsform (»Ich *bin* erfolgreich«).
- In Bildern denkend (Sie sehen sich selber, wie Sie schlank und gelenkig an einem wunderbaren Sommertag im Badedreß am Strand liegen und Ihr Leben genießen).

Denken Sie immer in Bildern, denn Ihr Wille ist direkt von Ihrem inneren Bild abhängig. Ihr Wille unterliegt jedoch, sobald er Ihren bildhaften Vorstellungen entgegensteht. Ein Mensch, der sich suggeriert: »Ich will gesund sein« und gleichzeitig vor seinem inneren Auge ständig die Schmerzen und Probleme seiner Krankheit sieht, der wird nicht genesen. Jeder Gedanke, den Sie immer wieder denken und zur bildhaften Vorstellung werden lassen, wird sich verwirklichen. Warum sollte Ihnen nicht gelingen, was bereits vielen tausend erfolgreichen Menschen gelungen ist?

Positive Suggestionsmöglichkeiten

Medien

Achten Sie darauf, welche Informationen (ob negativ, ob positiv) Sie an sich heranlassen und dadurch in Ihrem Unterbewußtsein speichern. Ferner sollten Sie auf die Lektüre achten, die Sie lesen, und genau abwägen, welche Fernsehsendungen für Sie interessant sein könnten.
Vielleicht haben Sie schon einmal die Erfahrung gemacht, nach dem Schlafengehen von einem Film, den Sie sich zuvor angeschaut haben, ›verfolgt‹ worden zu sein. So etwas fördert nicht gerade die Nachtruhe. Positive Filme sind da schon besser. Besser sind auch Bücher, die Positives vermitteln. Schlafen Sie auf jeden Fall mit positiven, aufbauenden, lebensbejahenden Gedanken ein. Wenn Sie dies beherzigen, dann hat Ihr Unterbewußtsein einige Stunden Zeit, sich mit diesen letzten Gedanken zu beschäftigen, und speichert diese Gedanken um so stärker in Ihrem Unterbewußtsein ab.

Seminare

Sie behalten nur 30 Prozent von dem, was Sie lesen, aber 90 Prozent von dem, was Sie (bewußt) erlebt haben. Ein gutes Seminar ist deshalb ein Erlebnisseminar, in dem erlebtes Wissen vermittelt wird. Nutzen Sie diese Möglichkeit, einen ›Quantensprung‹ in Ihrer Persönlichkeit zu vollführen, wobei es wichtig ist, sich immer wieder bei guten Seminaren neu »aufzuladen«.

Ziel visualisieren

Dies habe ich bereits ausführlich beschrieben – dennoch sei nochmals daran erinnert. Setzen Sie sich ein großes Ziel, und denken Sie täglich daran. Sehen Sie sich selbst in diesem Bild, und stellen Sie es sich vor, wie es ist, wenn Sie das Ziel erreicht haben. Diese Imagination sollten Sie jeden Tag mehrmals wiederholen.

Autosuggestion

Die Autosuggestion (Selbstbeeinflussung) ist der Gegenpart zur Fremdbeeinflussung. Sie sind derjenige, der bestimmt, was in Ihrem Unterbewußtsein gespeichert wird. Dadurch haben Sie die wunderbare Möglichkeit, sich jeden Tag Ihre Zukunft neu zu gestalten. Eine der besten Möglichkeiten dazu ist die Autosuggestion. Dabei handelt es sich um formelhafte Vorsätze, die Sie sich selbst vorsagen: »Ich schaffe es. Ich kann es. Ich erreiche es. Ich bin es.« Viele erfolgreiche Menschen beherrschen jene Kunst der Autosuggestion.
Jede Formel, die Sie sich bewußt laut vorsagen, löst einen Gedankenimpuls aus, der im Unterbewußtsein abgespeichert wird. Dabei spielt es zunächst keine Rolle, wie Sie diese Formel bei Ihrer Autosuggestion vortragen. Allerdings können Sie den Effekt der Speicherung dieser Formeln *um ein Vielfaches verstärken*, wenn Sie dabei folgende Punkte beachten:

- Legen Sie all Ihre Emotionen und Gefühle in das Vortragen der Formelsätze. Je stärker Ihre Emotionen beim Vortragen sind (übertreiben Sie ruhig), desto intensiver erfolgt die Speicherung.
- Visualisierung: Stellen Sie sich jede Formel bildhaft als Zielfoto vor. Wenn Sie sich also suggerieren: »Ich bin selbstbewußt«, dann stellen Sie sich eine Situation vor, in der Sie vorkommen und in der Sie selbstbewußt sind (wie Sie etwa selbstbewußt einen fremden Menschen ansprechen oder wie Sie selbstbewußt eine Rede vor vielen Menschen halten).
- Sie besitzen fünf Sinnesorgane. Stellen Sie sich Ihre Suggestion deshalb nicht nur bildhaft vor, sondern hören Sie dabei, was Sie sagen, und hören Sie auch die begleitenden Geräusche. Genauso verfahren Sie mit dem Schmecken, Riechen, Fühlen. Je stärker Sie sich darauf konzentrieren, desto größer ist die Wirkung der Autosuggestion.

Die Autosuggestion muß täglich erfolgen. Sie sollten sich bestimmte, für Sie wichtige Suggestionen suchen und zurechtlegen und diese dann immer wiederholen. Es bringt Ihnen nicht viel, wenn Sie Ihre Suggestion ständig wechseln. Natürlich kann es sein, daß eine Formel Ihrer Suggestion an Bedeutung verliert, dafür eine neue an Bedeutung gewinnt. Dann streichen Sie die eine Formel und fügen eine neue ein – doch grundsätzlich sollten Sie Ihrer Suggestion treu bleiben. Denn nur durch die dauernde Wiederholung gewinnt Ihre Suggestion an Kraft, an Wirkung und an Macht. Je länger Sie die Autosuggestion regelmäßig durchführen, desto größer ist die Wirkung.

Aus dem Wunsch (etwa selbstsicher zu sein) erfolgt die Tat (Autosuggestion). Aus der Tat erfolgt der Glaube (durch die permanente Wiederholung), und der Glaube erzeugt die Wirklichkeit (die heutige Zukunft). Ich weiß, dies klingt einfach und banal, doch haben Sie es schon einmal ausprobiert? Ich kenne viele Menschen, die konsequent diese und andere Übungen in Ihrem Leben anwenden und dadurch alles erreicht haben, was ein Mensch nur erreichen kann – obwohl sie gegenüber anderen (erfolgloseren) Menschen viel weniger Begabungen und Talente hatten (nehmen wir als Beispiel nur einmal mich selber).

Es spielt bei Ihrer Suggestion keine Rolle, ob Sie am Anfang daran glauben oder nicht – sofern Sie sie wirklich regelmäßig durchführen. Regelmäßig heißt dabei, daß Sie die Suggestion mindestens *einmal täglich viermal nacheinander* vor einem Spiegel zu sich selbst *laut* und *deutlich, voller Gefühle* und *Emotionen, voller Bilder* und *Vorstellungskraft*, sprechen.

Der beste Zeitpunkt dafür ist sicherlich der Morgen, gleich nach dem Aufwachen. *Lassen, Sie den Tag gleich positiv beginnen.* Tanken Sie durch die tägliche Suggestion Kraft und Energie für den ganzen Tag. Laden Sie sich auf mit positivem Denken – und der Tag wird insgesamt eine bessere Wendung nehmen. Sie benötigen dafür vielleicht fünf bis zehn Minuten, also nicht einmal ein Prozent der Zeit, die Ihnen tagtäglich zur Verfügung steht.

Wenn Sie die Autosuggestion vor dem Spiegel zu sich selbst sprechen, verstärken Sie die Wirkung um ein Vielfaches. Sie sprechen, Sie hören und Sie sehen sich im Spiegel – damit erreichen Sie eine optimale Suggestionswirkung. Sie werden am Anfang feststellen, wie komisch es Ihnen vorkommt, zu sich selbst zu

Autosuggestion

1. Ich bin gut!
2. Ich bin wichtig – für mich und andere!
3. Ich kenne und liebe mein großes Ziel!
4. Ich lebe begeistert und entzünde auch bei anderen das Feuer der Begeisterung!
5. Ich konzentriere mich auf meine wesentlichen Ziele und Aufgaben!
6. Ich spreche die Menschen mit Ihrem Namen an!
7. Ich führe täglich meine Übungen durch und bin dabei frei, kraftvoll und selbstbewußt!
8. Mein Auftreten und mein Sprechen sind sicher, begeisternd und überzeugend!
9. Ich gebe Nutzen zum Vorteil der Menschen!
10. Ich bin ein Mensch, der Probleme löst!
11. Meine Stimme ist tief, fest und gefühlvoll!
12. Ich bin erfolgreich und selbstbewußt!
13. Ich liebe mich, und ich liebe die Menschen!
14. Mein Händedruck ist ruhig, warm und vertrauenerweckend!
15. Ich gehe frei und offen auf die Menschen zu!
16. Mein Augenkontakt ist intensiv und vertrauensvoll!
17. Ich begegne jedem Menschen mit einem offenen und sympathischen Lächeln!
18. Ich akzeptiere mich!
19. Ich vertraue mir, meiner Zukunft und den anderen Menschen!
20. Ich bin ein wertvoller und liebenswerter Mensch!
21. Ich bin kraftvoll, voller Energie und gesund!
22. Ich bin ruhig, gelassen, entspannt und gelöst!

sprechen. Es fällt Ihnen nicht leicht, die Suggestionen Ihrem eigenen Spiegelbild zu sagen. Je schwerer es Ihnen fällt, desto deutlicher wird Ihnen vor Augen geführt, wie gehemmt Sie bisher waren und wie gering Ihr eigenes Selbstwertgefühl bisher gewe-

sen ist. Doch Sie werden erleben, wie Sie wachsen, wie Ihnen die Suggestion vor dem Spiegel immer leichter fällt. Die Autosuggestion vor dem Spiegel, zu sich selbst gesprochen, ist die beste Rhetorikübung, die es gibt. Sie werden *immer selbstsicherer, immer offener* und *immer begeisterter sein.* Wenn Sie voller Begeisterung zu sich selbst über sich selbst sprechen können, dann können Sie beispielsweise auch voller Begeisterung zu fremden Menschen sprechen. Und Sie werden erleben, wie Sie Ihre Mitmenschen beeindrucken, welche charismatische Ausstrahlung von Ihnen ausgeht. Sie werden auch erleben, wie Sie bei anderen Menschen *das Feuer der Begeisterung anstecken.* Und Sie werden erfahren, wie Ihnen andere Menschen freiwillig bei der Erreichung Ihrer Ziele helfen.
Doch letztendlich liegt es bei Ihnen, ob Sie die Autosuggestion wirklich in die Tat umsetzen.

Mentales Kassettentraining

Eine weitere Möglichkeit ist das tägliche Training mit Hilfe von mentalen Motivationskassetten. Diese haben eine Laufzeit von etwa 30 Minuten und trainieren im Entspannungszustand, dem sogenannten ›Alpha-Zustand‹. Im Alpha-Zustand ist der Körper entspannt und in tiefster Ruhe, während der Geist hellwach und bewußt ist. Dieser Bewußtseinszustand wird auch als *›erweitert‹* bezeichnet. Im Alpha-Zustand sind die Gehirnwellen der rechten und linken Gehirnhälfte synchronisiert, also gleichgeschaltet.

Im Alpha-Zustand ist das Unterbewußtsein des Menschen formbar wie Wachs!

Deshalb arbeiten auch die Hypnotiseure im Alpha-Zustand.
Beim mentalen Motivationstraining durch Einsatz von Kassetten oder CDs werden positive Suggestionen während des Alpha-Zustands im Unterbewußtsein gespeichert. Dies erfolgt über den Sinneskanal des Ohres. Zu Beginn des Mentaltrainings wird der Sprecher durch ein bestimmtes System den Entspannungs-

(Alpha-)Zustand schnell und sicher herbeiführen. Anschließend werden etwa 20 bis 30 Minuten positive Suggestionen im Unterbewußtsein gespeichert. Da im Alpha-Zustand die Suggestionen eine viel stärkere Kraft entfalten als im bewußten Zustand, können Sie dadurch schnell neue, positive Programme in Ihrem Unterbewußtsein verankern. Eine Suggestion im Alpha-Zustand hat die gleiche Wirkung wie hundert Suggestionen im hellwachen Zustand.
Beim mentalen Training ist der gesprochene Suggestionstext durch Entspannungsmusik unterlegt. Diese Musik sollte, bei einem guten Programm, exakt sechzig Schläge pro Minute betragen – dadurch wird alleine durch Hören der Musik ein Entspannungszustand herbeigeführt. Natürlich sollten alle Regeln der modernen Gehirnforschung beachtet sein, also bejahende Aussagen, Suggestion in der Gegenwartsform, bildhafte Ansprache usw.
Vielen Menschen ist das mentale Training fremd, ja, sie ängstigen sich sogar ein wenig davor, da ja alles, was mit dem ›Geist‹ des Menschen zu tun hat, etwas Mystisches, Geheimnisvolles, teilweise sogar Bedrohliches an sich zu haben scheint.
Dieses Suggestionstraining ist keine neue Erfindung, sondern wurde bereits von den alten Ägyptern im sogenannten ›Tempelschlaf‹ angewandt. Dabei hielten sich die Menschen nachts im Tempel auf und wurden im Schlaf von den Priestern mit positiven Suggestionen besprochen. Heute benötigen wir dafür keine Priester mehr, sondern bedienen uns des preisgünstigen mentalen Kassettentrainings.
Was Sie zum optimalen Einsatz eines mentalen Kassettentrainingsprogramms benötigen, ist ein sogenannter ›Walkman‹. Dieser hat den Vorteil, die Kassetten immer und überall hören zu können, ohne Ihre Umgebung dadurch zu beeinträchtigen.
Das Kassettentraining entfaltet nur dann seine optimale Wirkung, wenn Sie die Kassette mindestens *einmal täglich* über einen gewissen Zeitraum (*mindestens acht Wochen*) regelmäßig hören. Ein längerer Einsatz derselben Kassette ist durchaus empfehlenswert und verstärkt die positiven Suggestionen immer mehr. Allerdings sollten Sie wirklich darauf achten, die Kassette *mindestens einmal täglich* anzuhören, da ansonsten die Wirkung stark vermindert ist.

Das Kassettentraining macht dabei in keiner Weise abhängig oder süchtig. Ganz im Gegenteil: Durch Ihr gesteigertes Selbstbewußtsein und Ihre gespeicherten positiven Programme werden Sie immer unabhängiger, immer freier und immer selbstbewußter. Seien Sie also optimistisch, und glauben Sie an die Wirkung des mentalen Motivationstrainings. Bereits Tausende von erfolgreichen Menschen konnten durch mentales Kassettentraining ihr Leben und ihre Zukunft positiv beeinflussen.
Sie können das mentale Kassettentraining mit Ihrem Walkman immer und überall durchführen. Ob Sie die Kassette nun beim Lesen eines guten Buches hören, während eines entspannenden Bades, der Hausarbeit, während einer Mahlzeit, eines Spaziergangs, vor dem Schlafengehen – Ihrer Kreativität sind beim Hören keinerlei Grenzen gesetzt. Aufpassen sollten Sie lediglich beim Autofahren. Da das Training eine überaus entspannende Wirkung besitzt, könnte dies bei entsprechend reagierenden Personen zu einer Beeinträchtigung des Reaktionsvermögens während des Autofahrens führen.
Aber egal, wo und wann Sie das mentale Training durchführen, ein bestimmter Zeitpunkt sollte ab sofort zu Ihrem ›normalen‹ Leben gehören:

Hören Sie ›Ihre‹ Kassette unbedingt mindestens einmal täglich vor dem Einschlafen!

Zum einen werden Sie wunderbar schnell entspannen und immer schneller einschlafen, zum anderen werden die positiven Suggestionen in der anschließenden Schlaf- und Traumphase ihre beste Wirkung entfalten. Haben Sie dabei keine Bedenken, daß Sie während des Kassettenhörens einschlafen. Denn: Ihr Unterbewußtsein schläft nie, und deshalb entfalten sich auch während des Schlafes die positiven Wirkungen des mentalen Trainings! (Es gibt viele Anbieter von mentalen Trainingskassetten, darunter auch viele schlechte. Oft wurden die Erkenntnisse der modernen Gehirnforschung mißachtet. Deshalb produziere ich selber diese mentalen Trainingssysteme. Zum Einsteigen empfehle ich *Erfolgreich und glücklich* und *Erfolgreich und selbstbewußt.*

Carpe dient!

Überprüfen Sie ab sofort Ihre Gedanken. Auch wenn Sie alle bisher beschriebenen Erfolgsformeln umsetzen, werden Sie negative Gedanken nicht verhindern können. Doch Sie können – mit Ihren Erkenntnissen und Ihren positiven Programmen im Unterbewußtsein – diese negativen Gedanken schnell wieder verschwinden lassen. *Jeder Gedanke hat das Bestreben, sich zu verwirklichen* – im Positiven wie im Negativen! Ihre innere Stimme spricht bekanntlich täglich bis zu 30 000 Sätze zu Ihnen – kontrollieren Sie das, was Sie selbst über sich und zu sich sagen. Sehen Sie noch das Schöne auf der Welt? Können Sie noch den Augenblick genießen?
Carpe diem! Das bedeutet soviel wie »Nutze den Tag«, wie »Genieße den Augenblick« oder, vielleicht noch schöner ausgedrückt, *»Pflücke den Tag!«*
Wann haben Sie Ihren letzten Tag ›gepflückt‹? Warum pflücken Sie nicht jeden Tag das Schöne im Leben? Sie haben die Kraft, jedes Ziel zu erreichen – aber nur dann, wenn Sie es wollen und wenn Sie es wünschen. Jeder Gedanke hat unendliche Kraft und Energie in sich, aber jeder Gedanke kann auch Energie verschwenden und zerstören.
Sie werden jeden Tag von vielen negativen Gedanken ›überfallen‹. Es ist nicht leicht, sie daran zu hindern. Doch was Sie schaffen können: *Machen Sie es ihnen unmöglich, sich einzunisten!*
Achten Sie aber darauf, kein Erfolgsneurotiker zu werden. Viele negative Dinge, die passieren, haben ihr Gutes (was sich aber oft erst später herausstellt) und weisen uns den Weg. Hinterfragen Sie deshalb jeden Mißerfolg, ob er vielleicht ein positives Zeichen für Sie ist.
Ich habe nun eine ›Klavierseite‹ in Ihnen angelegt. Damit ist die Voraussetzung für die ›Resonanz‹ geschaffen. Jeder negative Gedanke, den Sie in Zukunft haben, wird Ihnen auffallen. Negative Menschen, die eine negative Aura ausstrahlen, werden von

Ihnen erkannt – und Sie werden damit bewußt umgehen. Mißerfolge werden von Ihnen nicht mehr als Tragödie, sondern als *Wegweiser für Ihre Richtung* angesehen. Probleme sind für Sie Aufgaben, *die zu lösen sind*, und jedes gelöste Problem wirkt wie eine Treppenstufe, auf der Sie höher und höher steigen.

Die Samenkörner sind gelegt – doch pflegen und bewässern müssen Sie die Saat selbst. Mit einer zeitlichen Verzögerung wird Sie jedoch die Ernte reichlich belohnen. Ihr positives Denken und Ihre täglichen Übungen werden die Saat zur voller Blüte, zur vollen Entfaltung bringen.

Es lohnt sich, etwas von Ihrer Zeit, Ihrer Energie und Ihres Glaubens zu investieren. Was haben Sie zu verlieren? Der durchschnittliche deutsche Bundesbürger sieht etwa zwanzig Stunden pro Woche TV, also rund drei Stunden pro Tag. Doch die meisten Menschen, die ich frage, warum Sie Ihr Training nicht mehr weiter durchführen, antworten mir: »Ich habe leider dafür keine Zeit mehr!«

Keine Zeit für die Zukunft? Keine Zukunft für ein erfolgreicheres und glücklicheres Leben? *Alles ist möglich.* Doch ermöglichen müssen, Sie es selbst durch Ihr Tun.

Leitthesen zu 6.5:

1. Positives Denken bedeutet nicht, daß Sie keine negativen Gedanken mehr bekommen, sondern daß sie schnell wieder verschwinden!
2. Meiden Sie negative Menschen und Bereiche!
3. Wählen Sie Ihre Medien bewußt aus!
4. Alles beeinflußt uns!
5. Sprechen Sie täglich viermal nacheinander – laut vor dem Spiegel – Ihre Autosuggestion!
6. Führen Sie täglich das mentale Kassettentraining durch!
7. Kontrollieren Sie Ihre Gedanken!

Notizen: ____________________

____

7. Kapitel

Ich freue mich!

> **»Wann war je die gold'ne Zeit?**
> **Welt hat ja alle Zeit geklagt über Krieg, Not,**
> **Sünd und Sterblich.«**
> Friedrich Freiherr von Logau

Eines Tages hatte mich ein ›Hexenschuß‹ erwischt, und ich lag mit großen Schmerzen, zur Bewegungslosigkeit verdammt, zu Hause auf meinem Sofa, als das Telefon klingelte und sich mein Mitarbeiter und Freund Martin Holubar meldete. Als ich ihm erzählte, ich läge mit starken Rückenschmerzen auf dem Sofa, lautete seine Antwort: »Ich freue mich!« Ich war zunächst einmal verblüfft, ehe ich zornig wurde und ihm das auch mitteilte. Da lachte er und erklärte mir: »Ich freue mich, denn wenn ich mich nicht freuen würde, würdest du genauso zu Hause liegen und Schmerzen haben!«

Da machte es ›klick‹ bei mir, denn ich halte dies für einen geradezu genialen Satz. Ich freue mich, egal, was passiert, *denn wenn ich mich nicht freuen würde, würde es genauso sein.* Damals habe ich mich, nachdem ich längere Zeit darüber nachgedacht hatte, über meine Lage gefreut, denn sie verschaffte mir die Möglichkeit, mich einmal einige Tage auf dem Sofa ›auszuruhen‹. Ich konnte Bücher lesen, über bestimmte Dinge nachdenken und wichtige Erkenntnisse für mich, mein Leben und meine Zukunft gewinnen. All dies wäre nicht möglich gewesen, wenn mich meine Rückenprobleme nicht außer Gefecht gesetzt hätten. Sie sehen also, daß es durchaus einen Sinn hatte, mich zu freuen.

Ist es nicht genau das, was den Unterschied zwischen einem positiv denkenden und einem negativ denkenden Menschen ausmacht? Negative Situationen erlebt jeder Mensch, ob er nun posi-

tiv oder negativ denkt. Die Frage ist jedoch, was ich aus jeder Situation mache. Entscheidend ist, ob ich auch an negativen Dingen das möglicherweise vorhandene Positive sehen kann.
Es ist Sonntag, Sie haben frei und haben ein Picknick mit Ihrer Familie geplant. Sie wachen auf, und es regnet in Strömen. Sie haben nun die Möglichkeit, sich darüber zu ärgern und dadurch sich und ihrer Familie die ganze Laune zu verderben. Oder Sie haben die Möglichkeit, das beste daraus zu machen, vielleicht einen Spielenachmittag mit der Familie zu verbringen, ein gutes Buch zu lesen usw. Es liegt an Ihnen, denn das Wetter können Sie nicht ändern. Das Wetter ist weder gut noch schlecht. Es ist so, wie es ist. Sie können nun versuchen, gegen die Situation anzukämpfen oder die Situation zu Ihren Gunsten nutzen.
Sie verlieren Ihren Arbeitsplatz und werden arbeitslos? Sie können nun darüber entsetzt sein, mit Ihrem Schicksal hadern, verzweifelt sein – oder Sie nutzen die Gelegenheit, Ihre Fertigkeiten und Ihre Qualifizierung zu verbessern, sich fortzubilden – und aller Voraussicht nach finden Sie einen Job, der womöglich besser ist als derjenige, den Sie vor Ihrer Arbeitslosigkeit bekleidet haben.

Carpe diem: Pflücke den Tag!

Genießen Sie jeden Tag Ihres Lebens, denn Sie wissen nicht, was die Zukunft bringt. Glück ist eine Sache des Augenblicks, und in dem Sekundenbruchteil, in dem Sie das Glücksgefühl empfinden, ist es bereits wieder Vergangenheit. Kosten Sie deshalb jede Minute Ihres Lebens aus.
Bitte führen Sie deshalb die nachfolgende letzte Übung gewissenhaft durch – und lassen Sie sich ruhig einige Minuten Zeit dafür.

Aufgabe: Zählen Sie alle glücklichen Momente Ihres Lebens auf. Denken Sie dabei auch an Ihre Kinder- und Jugendzeit, an die Schulzeit, an Ihre sportlichen Betätigungen, an Ihre Hobbys, an Ihren Beruf, an Ihre Freunde, an die Liebe usw. Zählen sie so viele glückliche Momente wie möglich auf, die es in Ihrem Leben gegeben hat.

Durch diese Übung haben Sie nun eine Schatzkammer Ihres Lebens angelegt. Die glücklichsten Momente Ihres Lebens sind es, für die sich all die ganzen Anstrengungen und Mühen Ihres Lebens gelohnt haben. Jene Juwelen in Ihrer Schatzkiste kann Ihnen niemand mehr nehmen. Sie können alles in Ihrem Leben verlieren, Ihr Haus, Ihr Auto, Ihre Arbeit, ja, man kann Ihnen vielleicht sogar Ihre Freiheit nehmen – aber diese Schätze in Ihrer persönlichen Schatzkiste, Ihre positiven, glücklichen Erinnerungen, *die werden Sie für immer behalten.*
Führen Sie diese Übung unbedingt einmal jährlich zu einem bestimmten Zeitpunkt durch (ich empfehle immer die besinnliche Zeit am Jahresende), und fügen Sie weitere, neue Juwelen Ihrer Schatzkiste hinzu. Und wenn Sie sich wieder einmal deprimiert oder verzweifelt fühlen, dann öffnen Sie Ihre Schatzkiste und machen sich all diese glücklichen Momente Ihres Lebens wieder deutlich bewußt, Stellen Sie sich jeden dieser Momente bildhaft vor, und erleben Sie nochmals alle Eindrücke dieser Augenblicke. Sehen Sie die Bilder, hören Sie die Stimmen und Geräusche, riechen Sie, schmecken Sie, fühlen Sie. Lassen Sie dann anschließend diese Bilder größer und heller werden (oder dunkler – das müssen Sie selber herausfinden), und Sie werden sehen, wie sich augenblicklich Ihr Gemütszustand verbessert und Sie neue Hoffnung, neue Energie, neue Motivation und Begeisterung erhalten.
Kosten Sie ab sofort öfter die glücklichen Momente Ihres Lebens aus. Hören Sie auf, mit kummervollem Gesicht in die Zukunft zu sehen, sondern freuen Sie sich auf die positiven Erlebnisse, die Ihnen die Zukunft bringen wird.

Wenn Sorgen erfolgreich machen, dann beschäftigen Sie sich doch täglich 24 Stunden damit (und bitten Sie alle Ihre Freunde, Ihnen dabei zu helfen)!

Sie haben große Ziele, Sie möchten Ihre Zukunft positiv gestalten. Das ist gut so. Doch vergessen Sie dabei nicht die anderen Menschen. Materiellen Erfolg können Sie auch anders erzielen. Doch glücklich werden Sie nur dann, wenn Ihre Aufgabe, wenn

Ihr Ziel den Menschen und der Welt einen Nutzen bringt. Denken Sie immer bei all Ihrem Handeln und Tun an diesen Grundsatz, ohne den, wirklicher Erfolg und Glück nicht möglich sind.

Alles Negative und Positive, das Sie weggeben, kommt wie ein Bumerang wieder zu Ihnen zurück!

Das Leben ist schön. Der positive Mensch ist sich dieses Umstandes bewußt und genießt sein Leben. Es liegt an jedem einzelnen, ob er sich bei einem halbvollen Glas über die bereits ausgetrunkene Hälfte ärgert oder ob er sich darüber freut, immer noch ein halbes Glas zu sich nehmen zu können.
Viele Menschen treibt es dazu, alles zu erfahren, alles zu erforschen – nur nicht sich selbst. In der Schule lernen wir alles Mögliche – doch die Geheimnisse unserer Seele, die unendlichen Möglichkeiten unseres menschlichen Geistes, die erfahren wir nicht.

Der Mensch will alles erforschen: den Mond, die Sonne, das Universum! Warum erforscht er nicht die unendlichen Möglichkeiten seines Geistes?

Leitthesen zu Kapitel 7:

1. Carpe diem: Pflücke den Tag!
2. Die glücklichen Momente in Ihrem Leben sind die Kronjuwelen Ihrer Schatzkammer!
3. Freuen Sie sich über alles, was ist und passiert – denn wenn Sie sich nicht freuen, existiert ›es‹ genauso!
4. Wenn Sorgen erfolgreich machen, dann beschäftigen Sie sich doch 24 Stunden täglich damit – und bitten Sie noch all Ihre Freunde und Bekannte, Ihnen dabei zu helfen!

Schlußwort

Sie haben sich die Zeit genommen, dieses Buch durchzuarbeiten. Herzlichen Glückwunsch. Doch nun beginnt erst die Arbeit Ihrer Weiterentwicklung. Ich empfehle Ihnen dringend, auch mein erstes Buch »Sicher zum Spitzenerfolg« zu lesen – falls Sie eine Führungsposition einnehmen oder einnehmen möchten – auch das im Januar 1996 erscheinende Buch »Mit System zum Erfolg«. Beschäftigen Sie sich immer wieder einmal mit den Erfolgssystemen in meinen Büchern, kommen Sie ins Handeln – und der Erfolg ist garantiert.
Es ist mir ein großes Anliegen, mit diesem Buch zur Bewußtseinsentfaltung vieler Menschen beizutragen. Ich bin dankbar für die Möglichkeiten, die sich mir in meinem Leben eröffneten, und möchte möglichst viel von dem, was ich erhalten habe, wieder an andere weitergeben. Vielleicht können Sie mich dabei unterstützen, indem Sie möglichst vielen Menschen in Ihrem Umkreis dieses Buch weiterempfehlen. Vielleicht lernen wir uns ja einmal bei einem meiner Interview-Seminare persönlich kennen. Ich wünsche Ihnen jedenfalls von ganzem Herzen viel Erfolg – und denken Sie bei Ihrem Handeln immer an den folgenden philosophischen Grundsatz:

Es kommt nicht darauf an, dem Leben mehr Jahre abzugewinnen, sondern den Jahren mehr Leben!

Literaturverzeichnis

Allen, Frederic, *Die Coca-Cola-Story*, Köln 1994
Ament, J. Helmut, *Die universellen Gesetze des Erfolges*, 1994
Ammelburg, Gerd, *Organismus Unternehmen*, Düsseldorf 1993
Ammelburg, Gerd, *Die Unternehmenszukunft*, Freiburg im Breisgau[3] 1987
Bach, Richard, *Illusionen*, Berlin
Bach, Richard, *Die Möwe Jonathan*, Berlin
Beyer, Günther und Metta, *Innovations- und Ideenmanagement*, Düsseldorf 1994
Birkenbihl, Vera, *Erfolgstraining*, [4]1992
Birkenbihl, Vera, *Stroh im Kopf?*, [17]1993
Carnegie, Dale, *Sorge dich nicht, lebe*, München [61]1992
Carnegie, Dale, *Wie man Freunde gewinnt*, München 1992
Dale, Carnegie & Ass., *Der Erfolg ist in Dir*, München 1995
Enkelmann, Nikolaus B., *Die Formel des Erfolgs*, 1992
Enkelmann, Nikolaus B., *Mit Freude erfolgreich sein*, [4]1990
Enkelmann, Nikolaus B., *Mit Freude leben*, 1992
Freitag, Erhard, *Kraftzentrale Unterbewußtsein*, München 1993
Freitag, Erhard, *Die Macht der Gedanken*, München 1994
Freitag, Erhard, *Erkenne Deine geistige Kraft*, München 1993
Fromm, Erich, *Sein oder Haben*, Stuttgart 1976
Hill, Napoleon, *Denke nach und werde reich*, München 1995
Hill, Napoleon, *Erfolg durch positives Denken*, München 1995
Höller, Jürgen, *Sicher zum Spitzenerfolg*, Düsseldorf [2]1994
Höller, Jürgen, *Erfolgreich, und glücklich*, Schweinfurt 1995
Horrmann, Heinz, *Amerikanische Traumkarriere*, Frankfurt/Main 1994
Hull, Raymond, *Alles ist erreichbar*, Reinbek 1994
Lassen, Artur, *Heute ist dein bester Tag*, [6]1993
Love, John F., *Die McDonald's Story*, München [3]1990

Mann, Rudolf, *Das ganzheitliche Unternehmen*, München 1988
Mann, Rudolf, *Der ganzheitliche Mensch*, Düsseldorf 1991
Millman, Dan, *Der Pfad des friedvollen Kriegers*, Interlaken [7]1993
Millman, Dan, *Die Rückkehr des Kriegers*, Interlaken [3]1994
Murphy, Joseph, *Die Macht Ihres Unterbewußtsein*, München 1994
Murphy, Joseph, *Energie aus dem Kosmos*, München 1994
Peale, Norman Vincent, *Die Kraft des positiven Denkens*, München 1994
Peale, Norman Vincent, *Die Wirksamkeit positiven Denkens*, München 1994
Ponder C., *Die dynamischen Gesetze des Reichtums*, Geretsried 1993
Peters, Tom, *Jenseits der Hierarchien*, Düsseldorf 1993
Peters, Tom, *Kreatives Chaos*, Hamburg 1988
Ries, Al, und Trout, Jack, *Die 22 unumstößlichen Gebote im Marketing*, Düsseldorf 1993
Robbins, Anthony, *Das Power-Prinzip*, München [6]1994
Schuller, Robert, *Erfolg kennt keine Grenzen*, [2]1993
Schwarzenegger, Arnold, *Karriere eines Bodybuilders*, München [4]1988
Tepperwein, Kurt, *Die geistigen Gesetze*, Triesen 1995
Tepperwein, Kurt, *Die holte Schule der Hypnose*, München 1993
Umhauer, Gerd, *Im Club der Millionäre*, Landsberg/Lech 1992